SUCCÈS

Exam practice for GCSE and Standard Grade French

Ken Foden

Oxford University Press 1992

Oxford University Press, Walton Street, Oxford OX2 6DP

Oxford New York Toronto
Delhi Bombay Calcutta Madras Karachi
Petaling Jaya Singapore Hong Kong Tokyo
Nairobi Dar es Salaam Cape Town
Melbourne Auckland

and associated companies in
Berlin Ibadan

Oxford is the trade mark of Oxford University Press

© Ken Foden 1992
ISBN 0 19 912097 8

Acknowledgements

The publishers would like to thank the following for permission to reproduce
copyright material: Vendée Ouest, OK magazine, Jeune et Jolie, Syndicat
d'Initiative, Office de tourisme Niort, SNCF, Girls magazine, FUAJ, Ouest France,
La Nouvelle République du Centre Ouest, Le Courrier de l'Ouest, Sopad Nestlé s.a.

The author would like to thank David Smith for his comments and advice.

Every attempt has been made to contact copyright holders of material reproduced
in this book. Any omissions will be rectified in subsequent printings if notice is given
to the publisher.

Illustrations by Bill Piggins and Raynor Design.

Photographs are by John Brennan, Dick Capel Davies and the author.

Cover illustration by Raynor Design.

Typeset by Tradespools Ltd, Frome, Somerset
Printed in Great Britain

Contents

Introduction

For the teacher

Succès is a skills-orientated examination practice book. It can be used in conjunction with *Hexagone Plus*, a two year broad ability course for students at key stage 4, or as a supplement to any other course at this level.

Succès is divided into sections on the four skills: listening, speaking, reading and writing, with practice in all the skills suitable for different ability levels. On page 5, you will find a grid relating GCSE topics to National Curriculum areas of experience, and on page 6 a grid which relates the skill areas to the GCSE topics. A grammar survey directed at students is given on pages 8–21. This is intended to offer general hints and guidance on how to approach practising for the exam, together with a review of the main grammar points and exercises to challenge and test students' knowledge.

A separate booklet provides a transcript of all recordings for use in the listening section and can be issued at the teacher's discretion for use in class.

How to use the speaking section

Given the 'one-to-one' nature of the French oral examination it is obviously the most difficult of the four skills to practise under realistic examination conditions. There will no doubt be occasions when the teacher is able to give practice to individual students, and schools that are fortunate enough to have a French assistant will, of course, make appropriate use of her / him. A 'primed' student armed with tape recorder can be used to simulate examination conditions. However, the problem remains of how, generally, to use examination-type speaking materials in a large class with only one teacher available.

Here is one way of organising the class so that maximum benefit can be derived from the situation.

Rôle play

I suggest that the best way of operating is through work in pairs. Where the department is fortunate enough to have access to a sufficient number of small cassette recorders and power points, these activities could be recorded. The students involved could then recap on their own performance and the teacher could use the recordings for diagnostic assessment. (I would go as far as to suggest that the provision of cassette recorders in such quantities could be a very beneficial way of spending departmental funds or money made available from other sources.)

A = 'candidate'
B = 'examiner'

1 Students get a partner.

2 Within a pair, students elect to be either A or B. When a sequence has been successfully completed the rôles are reversed.

3 Where there is 'an-odd-person-out', it is possible to work in a three with two students co-operating to work on one rôle. This can be a useful way of supporting weaker students.

4 The original pairings then split up temporarily. Each A finds another A to work with and similarly the Bs.

5 Pairs of As and Bs then spend a few minutes brainstorming on their particular rôle: what to say; different ways of saying it; pronunciation.

6 If desired, pairs of As and Bs can then double up into fours, share ideas and add to their own rôles.

7 Each person then returns to his / her *original* partner (the one with a different letter) and they run through the sequence stipulated in the question.

8 To increase the amount of practice each person could then work with other people who have a different letter. Where conversations are being recorded, it is helpful to get each pairing to record their names on tape before starting a sequence.

9 Time permitting, it is possible for the rôles to be reversed. If time does not allow this to take place, it is important that partners exchange rôles the next time this activity is pursued.

10 At the end of an activity a plenary session is useful. In this plenary session students can report back to the whole class on difficulties they had and how they coped with them, which specific expressions they used and so on.

General conversation

It is possible to proceed as above but more preparation is necessary. The questions in the conversation section are divided into topic areas. When preparing for a particular topic I suggest that you follow this system.

1 You allow the students to look at the questions for a few minutes and discuss them with friends or yourself to clear up any problems of comprehension, etc.

2 You allow the students to look at the list of questions while you interview the language assistant (if you have one!) or some other suitable victim or you answer the questions yourself. The students take notes on the answers and then report back in a whole-group session.

3 Students, working co-operatively, are then allowed to formulate answers to the questions.

4 For homework they formulate and practise their own particular responses.

5 During the next lesson you then adopt the procedure described opposite for use with rôle plays, joining it at whichever stage you feel is appropriate.

Grid relating GCSE topics to National Curriculum areas of experience

TOPIC ▶	AREA OF EXPERIENCE ▼	Personal I.D.	Family	House and home	Geog. surround's and weather	Travel and transport	Holidays	Accommodation	Food and drink	Shopping	Services	Health and welfare	Free time and entertainment	Relations with others	Education and future career	Foreign languages	Money
A	Everyday activities				●		●	●	●	●	●	●	●		●		●
B	Personal and social life	●	●						●			●	●	●	●		●
C	The world around us				●	●			●	●	●	●		●			
D	The world of education, training and work											●			●	●	●
E	The world of communications					●	●					●		●	●		
F	The international world					●		●		●	●	●		●	●	●	●
G	The world of imagination and creativity												●	●		●	

Grid relating skills and topics

TOPIC	LISTENING	SPEAKING	READING	WRITING	LEVEL
Personal I.D.	77.	26.		22.	Higher
	1. 25. 48.		2. 39. 40. 41. 66. 78. 85. 88. 101.	1. 13. 16.	Basic
Family	93.			22. 29.	Higher
	2. 19. 24.	10.	16. 26. 41. 42. 53. 66. 68. 81. 85. 95.		Basic
House and home	89. 91. 93.	22. 45.		18. 21. 29.	Higher
	31. 35. 46. 59. 66. 68.	6.	6. 7.	6.	Basic
Geographical surroundings and weather	82. 93.		12.	23.	Higher
	4. 10. 21. 27. 31. 39. 49.	10. 13.	38. 45. 51. 56. 57. 58. 81. 99.		Basic
Travel and transport	84b. 88. 94.	27. 29. 31. 41.	13. 15.		Higher
	7. 20. 21. 26. 33. 34. 37. 44. 47. 52. 56. 65. 72. 74.	5. 9. 11.	1. 32. 33. 34. 35. 36. 37. 43. 52. 55. 71. 91.	3. 8.	Basic
Holidays	79. 87. 91. 95.	35.	1.	25. 26. 35.	Higher
	9. 51. 63. 76.	7.	64. 70. 72. 76. 83.	9.	Basic
Accommod-ation	81. 91.	23.		27. 28.	Higher
	13. 18. 38. 45. 60. 62. 68. 75.	4. 19. 20. 21.	2. 21. 29. 31. 62. 64. 75. 78. 79. 80. 100.	7. 11.	Basic
Food and drink	80. 90.	36. 37. 42.		20.	Higher
	11. 22. 26. 40. 50. 61.	2. 3. 14. 18.	8. 17. 21. 23. 61. 63. 73. 74. 87.	4.	Basic

TOPIC	LISTENING	SPEAKING	READING	WRITING	LEVEL
Shopping	78.	16.			Higher
	6. 32. 53. 54. 58.	2. 14. 15. 17.	3. 4. 5. 9. 12. 20. 48. 54. 59. 67. 92.	2. 5.	Basic
Services	84a. 96.	12. 25. 32. 34.		17. 30. 31.	Higher
	20. 23. 29. 36. 64.	1. 15.	11. 22. 24. 26. 27. 44. 47.	14. 15.	Basic
Health and welfare	80. 83. 87.	33.	4. 5. 8. 10. 11.	34.	Higher
	15. 16. 28. 69. 70.		12. 28. 90.		Basic
Free time and entertainment	79. 84d. 84e. 86. 87. 95.	22. 30. 43. 44. 45.		24.	Higher
	8. 30. 41. 42. 51. 63. 67. 71. 73. 76.	8.	10. 13. 14. 15. 19. 24. 45. 46. 49. 50. 59. 60. 63. 65. 69. 77. 85. 93. 102. 103.	10. 12.	Basic
Relations with others	90. 92.	22. 28. 30. 43. 44.	2. 3. 6. 9.	33.	Higher
	12. 16. 30.	8. 13.	10. 15. 39. 40. 51. 86. 89. 94. 96. 97. 98.		Basic
Education and future career	84c. 85.	37. 38. 41.	7. 14.	19. 22. 29. 32.	Higher
	5. 24. 55.		81. 82. 84. 88.		Basic
Foreign language					Higher
	17. 57.		18.		Basic
Money		16.		18.	Higher
	14. 29. 40. 43. 54.	24.	22. 55. 101.		Basic

Grammar survey

A short-cut to success?

In reality, when you are learning a language there are no short-cuts to success. You need as much practice as possible. You need to listen to much spoken French. You need to read a lot: from street signs to advertisements; from newspaper cuttings to short stories. You need to practise your spoken French at every opportunity: using French with your teacher and classmates; taking advantage of chances to talk to native speakers of French; even talking to *yourself*; perhaps using a cassette recorder to help you rehearse the sort of things you would say in certain situations. You need to practise your writing in French: everything from simple lists and messages to letters and stories. You need to learn a wide range of vocabulary and expressions. If you understand three or four words in a sentence of a listening or reading test, you have far more chance of understanding the meaning of the whole sentence than if you only recognise a *couple* of words. All this, of course, means a lot of hard work during the preparation for your examination *BUT* learning to speak a foreign language is not only very challenging, it is also very rewarding.

There is little point in just learning French grammar rules for the sake of it. You will not get a direct test on grammar rules in your examination. Constant practice in spoken and written French enables the structures to come automatically as in our own native language. However, for those of us who are unable to spend long periods in a French-speaking country, some knowledge of how the language works can help us extend our use of it. If we can recognise a number of patterns which are consistent, then we can better control our use of the language and say the things we want to say with greater confidence and accuracy.

This section of the book may not be useful to all students and your teachers will no doubt offer advice on the matter. Its purpose is to challenge and test your knowledge of the patterns of French grammar. Some of the examples will deal with the exceptions rather than the rule and may well catch you out. However, try to see your use of this section as a *learning experience*. If you have a positive attitude and are prepared to learn from your mistake – often the best way to learn – anything you get wrong *now* you will get right in the *exam*. You will be asked to have a discussion with friends about some grammar facts and then you will be expected to prove you understand by completing some practical examples.

Bonne Chance!

Part 1   The article

An *article* is a small word that goes with a noun. The articles in English are *a (an), the, some*. Discuss with your friends:

a   What are the French words for *a*?
What are the the French words for *the*?
Why are there so many of them?
In English we say things like 'I like books' or 'I hate geography'. How is this said in a slightly different way in French?
How can we say *some* in French?
Why are there so many different ways of saying *some*?

Group Activity: Can you invent a chart that will show how and when the different words for *some* can be used?

b   What happens to the words **le, la, l', les** when they are used with **de** or **à**?
How many meanings can you think of for the words **de** and **à**?
In French it is not possible to use *'s*. You cannot say 'The girl*'s* book'. How do you get round this in French?
You cannot say things like 'the kitchen door'. How do you get round this in French?
After expressions of quantity (**beaucoup, une bouteille, cinq cents grammes,** etc), do you use **de** or **du, de la, de l', des**?
After such expressions as **près, en face, à côté**, do you use **de** or **du, de la, de l', des**?

After negatives (**ne . . . pas, ne . . . plus**, etc),
do you use **de** or **du, de la, de l', des**?

c   Supply what's missing in the sentences below:

J'aime ……… escargots
I like snails.

Il n'y a plus ……… petits pois.
There are no more peas.

Nous voudrions un litre ……… vin rouge.
We would like a litre of red wine.

Il me faut ……… viande.
I need some meat.

Elle doit changer ……… argent.
She has to change some money.

Ils sont allés ……… Etats-Unis.
They have gone to the United States.

La mairie se trouve près ……… marché.
The town hall is near to the market.

Tu n'as pas vu l'appareil-photo ………
homme?
Haven't you seen the man's camera?

Jacques a fermé la porte ……… salle de
séjour.
Jacques closed the living room door.

Allez tout droit jusqu' ……… feux.
Go straight on as far as the lights.

Vous connaissez le prix ……… billets?
Do you know the price of the tickets?

Part 2   The noun

Discuss with your friends:

a   What is a *noun*?
What do we mean by 'a noun has *gender* in
French'?
Think of as many ways as possible of recognising
whether a noun is *masculine* or *feminine*.
Why is it sensible, when learning a word in
French, to learn **le jardin** rather than just
jardin?
If you were stuck in an exam on a noun which
ended in **e**, would you have more chance of
being right if you made it *masculine* or *feminine*?

b   What does it mean when a noun is plural?
How do you *usually* make a French noun plural?
How many different French noun endings can
you think of that are not made plural in the usual
way?

c   Answer the following questions:
What are the correct words for *a (an)* and *the* with
the following words? *Be careful!*

agence de voyages	lycée
allumette	monde
ananas	mouchoir
annuaire	moitié
article	musée
auberge de jeunesse	oncle
beurre	parfum
bricolage	pique-nique
cafetière	portefeuille
champignon	prise de courant
chaussure	rez-de-chaussée
chèque	silence
clé	sucre
crêpe	téléphone
cuiller	théâtre
dent	timbre
dentifrice	trottoir
disque	université
électrophone	vache
fleuve	vedette
gendarme	véhicule
herbe	verre
horloge	voiture
idée	voyage
invitation	yaourt

How would you make these words plural?

un étranger	un bureau
un Gallois	un reçu
un employé	un trou
un lieu	une fois
madame	un hôpital
monsieur	un repas
mademoiselle	un feu
un fou	un fils
un bébé	un rendez-vous
un neveu	une dactylo
un bois	un œil

9

un nez   une voix

un bateau   un choix

un prix   un gâteau

un animal

un ananas

un chou

Possible point for discussion with your teacher:
Are there any endings which always or usually
indicate either masculine or feminine?

Part 3   The adjective

Discuss with your friends:

a   What is an *adjective* used for?
In French, as in many other languages, adjectives
usually follow the nouns that they describe.
However, some very common adjectives go in
front of the noun. List as many of them as you
can.

b   What do we mean when we say that French
adjectives agree with the nouns that they are
describing? Invent some examples of adjectives
with nouns which demonstrate:
— masculine singular agreement
— feminine singular agreement
— masculine plural agreement
— feminine plural agreement

Some French adjectives change their form quite
a bit in the feminine: **blanc** becomes **blanche**,
actif becomes **active**, etc. How many more
examples can you think of? What happens to
adjectives that end in **-eux**, like **délicieux,
affreux, paresseux**?

c   When is an adjective in the masculine plural
exactly the same as in the masculine singular?
Give some examples.
How do adjectives that end in **-al** form their
masculine plural?
What happens to the adjectives **vieux, beau**
and **nouveau** when they are used in front of a
noun that begins with a vowel (and sometimes
h)?

To show that you know about the position and
agreement of French adjectives work with some
friends to fit the adjectives below into the
appropriate sentences so that they make sense.

Don't forget to check if any alteration is needed
(feminine? plural?).

Regardez tous ces drapeaux!   (**blanc**)
C'est ma visite en France.   (**premier**)
Ce dont j'ai besoin c'est une boisson.   (**frais**)
Ce que je préfère, c'est le vin.   (**sec**)
Cette viande est ……….   (**délicieux**)
La voilà avec son amie.   (**meilleur**)
Il a acheté une voiture.   (**nouveau**)
Je dois utiliser mes crayons.   (**autre**)
Là, devant la mairie, il y avait une foule de
dames.   (**vieux**)
Ma sœur adore la musique classique. Elle doit
être ……….   (**fou**)

d   What do these sentences mean?
Je trouve que Claudine est plus intelligente
que sa sœur.
A mon avis, la télé est moins passionnante que
le cinéma.
Les légumes au marché sont aussi chers
qu'ailleurs.

Adjectives can be used with **plus, moins** or
aussi to compare things. Working with some
friends, make up some sentences where things
are compared. Used **plus, moins** and **aussi** at
least three times each.

e   Possessive adjectives
Supply the missing possessive adjectives:

Masc. Sing.	Fem. Sing.	Plural
mon		
		tes
	sa	
		nos
	votre	
leur		

What do they all mean?

Supply the correct possessive adjectives:

my gloves = …………. gants
her sock = …………. chaussette

their video recorder = ... magnétoscope

our tent = ... tente

your holidays = ... vacances

his hobby = ... passe-temps

my problem = ... problème

your timetable = ... emploi du temps

their meals = ... repas

our relations = ... parents

her friend = ... amie

f Demonstrative adjectives
Ce, cet, cette, ces are demonstrative adjectives. What do they mean?
Which one would be used with each of the following nouns?

gare petits pois syndicat d'initiative
homme ours lunettes douche coin

What does it mean if you add **-ci** or **-là** to each of the above answers, as in these two examples:
ce stylo-ci; **ces femmes-là**

g Some unusual adjectives
Discuss the meanings of the words in bold type with your friends.

1 **Chaque** personne doit avoir un billet.
2 L'**autre** jour, je suis allé au marché.
3 Je n'ai jamais conduit **une telle** voiture.
4 Il y a un autobus pour Rouen **tous les combien**?
5 Il y en a un **toutes** les quarante minutes.
6 J'ai passé **plusieurs** mois dans le sud de la France.
7 Je n'ai mangé que **quelques** bonbons.
8 **Quelles** émissions as-tu vues le week-end dernier à la télé?

Some of these adjectives have slightly unusual forms. Copy the following categories across the top of a piece of paper.
Masculine Singular
Feminine Singular
Masculine Plural
Feminine Plural

Then copy the following adjectives into the correct column. Some forms may fit in more than one column so be careful.

chaque quels tout un tel tous
plusieurs toutes quelques toute quel
quelles une telle quelle quelque autres
autre

Part 4   The adverb

Discuss with some friends what you think an *adverb* is and what it is used for.
    Can you spot the adverbs in the following list?

poliment gentiment joli absolument
heureusement actuellement banane

Do they have anything in common? Can you remember how most French adverbs are formed? Others have a form of their own. In each of the following sentences replace the English word with the correct French. Try not to use the help list unless you have to.

1 Elle a laissé son passeport (*inside*).
2 Nous arriverons (*soon*) à la gare.
3 Je ne veux pas l'accompagner. Il roule trop (*quickly*).
4 Nous n'avons pas de place ici. Essayez (*elsewhere*).
5 Généralement il se comporte très (*badly*).
6 Il y avait de l'eau (*everywhere*) dans la tente.
7 (*At first*) ils sont allés au syndicat d'initiative.
8 (*Suddenly*) l'homme a disparu.

évidemment récemment bien mal peu
mieux énormément vite ailleurs
partout dedans dehors debout dessous
dessus aussitôt tout de suite d'abord
bientôt tout à l'heure déjà encore
maintenant quelquefois souvent toujours
tout à coup assez longtemps plutôt
presque quand même tellement

When you have filled all the gaps correctly, discuss the meanings of the words remaining in the list above with your friends.

Part 5   The pronoun

Discuss with your friends what is meant by a *pronoun*. For example, is it a word which describes another word? Is is an action word? Is it a word that stands in the place of a noun?

a   Personal pronouns

These are the most common. Complete this list of pronouns which can be used as the *subject* of a sentence, ie. the person or thing that carries out the action of a verb.

Je	=	I
_____	=	You
Il	=	_____
_____	=	She
On	=	_____
_____	=	We
Vous	=	You
_____	=	They (masc)
Elles	=	_____ (fem)

me, te, se, nous, vous, se are the personal pronouns that are used with reflexive verbs: **Je m'appelle . . .; Ils se lèvent,** etc.

In each of the following cases, choose a *subject* pronoun and the correct *reflexive* pronoun so that the sentences formed make sense. Use the example to help you. Be sure you know what they all mean.

> ……… ………… lave = Je me lave *or* Il se lave *or* Elle se lave *or* On se lave.
>
> ……… ………… couchons
> ……… ………… asseyez
> ……… ………… rappelles
> ……… ………… baignent
> ……… ………… habille

In English we say 'I like *it*' or 'I have seen *them*' for example. 'It' and 'them' are pronouns. In French the word order is slightly different to say the same thing. In the first sentence the pronoun is **le** or **la** depending on whether the word 'it' refers to a masculine or feminine word. In the second sentence the pronoun is **les**. So in French we have **Je *l'*aime** and **Je *les* ai vus**.

Here are the French pronouns that are used in front of verbs in this way. Discuss their meanings with your friends.

me	=	*me, to me*
te	=	………………………………
lui	=	………………………………
nous	=	………………………………
vous	=	………………………………
leur	=	………………………………
le, la, l'	=	………………………………
les	=	………………………………

What do these mean?

> Il m'a donné dix francs.
> Ton argent de poche? Je te l'ai donné l'autre jour.
> Ses bottes? Je ne les ai pas vues.
> Je peux vous offrir à boire?
> Les pâtisseries? Elle nous les a déjà offertes.
> Les monuments de Paris? On les leur a déjà montrés.

What about **y** and **en**? Can you remember their possible meanings? What do these sentences mean?

> — Tu es déjà allé au supermarché?
> — Ah non. J'y vais tout de suite.
>
> — Tu as combien de timbres dans ta collection?
> — J'en ai cinq cents.

When two of these pronouns are used before the same verb, the only real way to get them in the right order is by practice and experience, if you want to speak fluently. However this chart may be useful as a way of reminding you of the word order of pronouns when they precede (go in front of) the verb.

me				
te	le	lui	y	en
se	la	leur		
nous	les			
vous				

Remember that when pronouns follow a verb, the word order is the same as in English:
Donnez-les-moi! = Give them to me!
(Notice that after the verb **me** and **te** become **moi** and **toi**.) When **y** or **en** are used with **moi**, **moi** becomes **m'**:
Donnez m'en! = Give me some!

What do the following sentences mean? Discuss them with your friends. Consider whether more than one meaning is possible. If that were so how would you know in a conversation or a piece of writing which meaning was the right one?

1 Montre-la-moi!
2 Parle-lui-en!
3 Donnez-les-leur!
4 Offrez-m'en!

As you know by now, pronouns are words which can be used in the place of nouns to help make language smoother, more fluent and less repetitive. In each of the following sentences, replace the nouns by pronouns. Use the example to help you.

Elle a offert **le vin à sa tante**. Elle **le lui** a offert.

1 Donnez les billets aux enfants!
2 Ne va pas au club des jeunes!
3 Marcel donne toujours ses frites à son frère.
4 Le guide a montré la tour Eiffel aux touristes.

b Emphatic pronouns
The emphatic pronouns are **moi, toi, lui, elle, nous, vous, eux, elles**.
They are used in five different sets of circumstances. In discussion with your friends, try to remember all five before checking with the list below.

1 In one word answers:
   — Qui a laissé tomber ces ordures?
   — **Eux**, mademoiselle.
2 After a preposition:
   Veux-tu aller en boîte avec **nous**?
3 After **c'est / ce sont**:
   C'est **elle**. Ce sont **elles**.
4 For emphasis:
   Lui, il se couche tard tous les soirs.
5 When you want to say things like 'he and I' or 'him and me':
   Lui et moi.

Make up a different example for each of the five categories and check to see if your friends understand your examples.

c Relative pronouns
Here are three relative pronouns:
qui = *who, which* (subject of verb)
que = *whom, which* (object of verb)
dont = *of whom, of which, whose*

Study the examples with your friends and decide why **qui, que** or **dont** has been used.

Voilà la femme que j'ai vue la semaine dernière!
C'est bien lui l'homme qui a provoqué l'accident.
Tu te rappelles le nom de la fille dont la sœur s'appelle Marie?

Now choose the correct one yourself to fit into each of the gaps.

1 Voilà le garçon ………. j'ai trouvé la carte d'identité.
2 Une dame ………. travaille dans une épicerie s'appelle une épicière.
3 L'homme ………. j'aime s'appelle Luc.

If you want to use a preposition with a relative pronoun, use **qui** if you are talking about a person:
Avec qui? = *With whom?*

However, if you are talking about anything else, use:

lequel laquelle lesquels lesquelles

Taking note of the fact that this pronoun looks and behaves like the word **quel** try to sort out with your friends when the different versions of the pronoun **lequel** would be used. What do these sentences mean?

1 La police a découvert le sac dans lequel elle avait caché le revolver.
2 J'ai perdu la brosse avec laquelle je nettoyais les rideaux.
3 Il a brûlé les papiers parmi lesquels j'ai trouvé un article sur son passé.

Which of the forms of this pronoun could be described as
— feminine singular?
— feminine plural?

— masculine plural?
— masculine singular?

Some other forms of this pronoun are also available. Can you complete this chart?

Masc. Sing.	Fem. Sing.	Masc. Plural	Fem. Plural
duquel			desquelles
	à laquelle	auxquels	

These forms enable you to use the pronoun with expressions which are followed by **à** or **de**, as illustrated by these examples:

Ce n'est pas l'homme **auquel** j'ai parlé la semaine dernière.
Voici une photo des montagnes près **desquelles** j'ai passé mes vacances l'été dernier.

What do **ce qui, ce que, ce dont** mean? Discuss these examples with your friends.

1   Ce qui est le plus important, c'est d'y aller sans délai.
2   Ce que je déteste dans ce restaurant, c'est les fruits de mer.
3   Ce dont tu as besoin, c'est un sirop pour la toux.

Now test your knowledge of relative pronouns by choosing one to fit into the gaps so that all the sentences make sense.

1   Voilà la fille .... je t'ai parlé l'autre jour.
2   Tu as vu le stylo .... j'ai écrit la lettre?
3   Voilà la femme .... j'ai donné mon passeport.
4   Voilà le magasin près .... l'accident a eu lieu.
5   .... j'adore c'est le poisson cru.

d   Demonstrative pronouns

celui-ci, celle-ci	=	this one
celui-là, celle-là	=	that one
ceux-ci, celles-ci	=	these
ceux-là, celles-là	=	those

Discuss with your friends the circumstances in which you would use the above pronouns. First, find out the meaning of these examples which should help:

1   — Quel disque est-ce que tu vas acheter?
    — Je vais acheter celui-ci parce que je n'aime pas celui-là.
2   — Tu as déjà vu ces photos quelque part?
    — J'ai vu celles-ci dans le journal mais je n'ai jamais vu celles-là.
3   — Lesquels préfères-tu? Ceux-ci ou ceux-là.
    — Je pense que je préfère ceux-là.

Pick a suitable demonstrative pronoun to answer the following:

Tu préfères quelle chemise?
            quels bonbons?
            quelles chaussures?
            quel vin?

e   Interrogative pronouns
As you will probably be able to work out from their name, these pronouns are used to begin questions.
Qui . . .? Qui est-ce qui . . .? = Who . . .?
Qui est-ce que . . .? = Whom . . .?
Qu'est-ce qui . . .? Qu'est-ce que . . .?
= What . . .?

What do these examples mean?

1   Qui a fait cela?
2   Qui est-ce qui veut sortir ce soir?
3   Qui est-ce que tu as rencontré au marché hier?
4   Qu'est-ce qui te plaît?
5   Qu'est-ce que tu as mangé?

f   Possessive pronouns
Give some examples of possessive pronouns in English. Discuss with your friends when you would be likely to use them. Here are the possessive pronouns in French. Complete the list.

Masc. Sing.	Fem. Sing.	Masc. Plural	Fem. Plural
	la mienne	les miens	
le tien			les tiennes
		les siens	
le nôtre			les nôtres
	la vôtre		
	la leur	les leurs	

Invent a suitable ending for each of the following sentences and then exchange answers with a friend to see if you can understand what he / she has written.

1 Ce n'est pas mon stylo, c'est le sien.
2 Ce ne sont pas ses gants, ce sont ....
3 Ce n'est pas ta bague, ...
4 Ce ne sont pas vos billets, ...
5 Ce ne sont pas nos cahiers, ...
6 Ce n'est pas leur voiture, ...

Go back through all the sentences you have met in this section on pronouns and make sure you know what they all mean.

Part 6   The verb

a   The present tense
There are three types of regular verb in French. They are known by the last two letters of their infinitive. Discuss the following points with your friends:

— What is an infinitive?
— What are the three types of regular verbs?
— What are the endings for **je, tu, il, elle, on, nous, vous, ils, elles**, with the three types of regular verb?

There are three ways of expressing the present tense in English. In French there is only one. Give the three different ways of expressing the following French examples in English:

Je dessine   Je finis   Je vends

In which of the following circumstances would you use the present tense to say:

— what you will do tomorrow
— what you do regularly
— what you did last year
— what you are doing now
— what you used to do.

(More than one answer is possible.)

What is slightly unusual about the present tense of the following verbs?

ouvrir   couvrir   offrir   souffrir

commencer   répéter
avancer   espérer
manger   nettoyer   envoyer   employer
voyager   essayer   payer
jeter
appeler
acheter

i   Reflexive verbs
See **Part 5: The pronoun**, section **a**.

Examples of reflexive verbs are **se coucher, s'appeler, se laver, s'habiller, se baigner**
Supply the missing bits of the verb **se laver**:

1 Je me lave   Nous nous lavons
2 Tu _ _ laves   _ _ _ _ vous lavez
3 Il se _ _ _ _   Ils _ _ lavent
4 Elle _ _ _ _ _ _   Elles _ _ _ _ _ _ _ _
5 On _ _ _ _ _ _

Now write out the present tense of the other reflexive verbs shown above. Use a little bit of extra care when doing **s'appeler**.

ii   Irregular verbs
Many important and frequently used French verbs are *irregular*. That means they do not follow the patterns of the regular verbs. Check that you know how to say and write the present tense of the following verbs:

aller   s'asseoir   avoir   battre   boire
conduire   connaître   courir   craindre
croire   devoir   dire   dormir   écrire   être
faire   lire   mettre   pouvoir   prendre

recevoir   rire   savoir   suivre   tenir
venir   vivre   voir   vouloir

b   The perfect tense
Here are two examples of the perfect tense in
French:

J'ai parlé avec lui pendant dix minutes.
Je suis arrivée à l'aéroport à neuf heures
cinq.

Discuss the following points with your friends:

— What are the English meanings of the perfect
  tense?
— Which part of the perfect tense is known as
  the past participle?
— Which part of the perfect tense is known as
  the auxiliary verb
— What is the significance of the extra **e** on the
  end of **arrivée**?

To create the perfect tense in French you use the
present tense of either **avoir** or **être** with the
past participle of the verb you want to use. Check
with your friends to make sure you all know the
present tense of the verbs **avoir** and **être**.

The vast majority of French verbs use **avoir**.
The best way to know a French verb is through
constant use and practice but there are some
simple rules to help you work out the perfect
tense of regular verbs. Discuss with your friends
how the perfect tense is formed in the case
of: — regular **-er** verbs
     — regular **-ir** verbs
     — regular **-re** verbs

What is missing here? Fill in the gaps.

1 Nous _ _ _ _ _ chanté.
2 J'_ _ fini mes devoirs.
3 _ _ as rendu le stylo que tu _ _
   emprunté?
4 Vous _ _ _ _ rempli son verre?
5 Il _ décidé de partir tout de suite.
6 _ _ _ ont vendu leur voiture.

There are only a few verbs which use **être** to
make their perfect tense but they are verbs which
are used very frequently so it is important to

know them well. Here are sixteen that you need
to know. Can you remember what they are?

a _ _ _ _ _ _   p _ _ _ _ _
e _ _ _ _ _   s _ _ _ _ _
ren _ _ _ _   a _ _ _ _
v _ _ _ _   rev _ _ _ _
dev _ _ _ _   ret _ _ _ _ _ _
res _ _ _   m _ _ _ _ _
d _ _ _ _ _ _ _ _   tom _ _ _
n _ _ _ _ _   m _ _ _ _ _

When you write down a perfect tense with **être**
you need to remember that the past participle
agrees with the *subject* of the sentence. In other
words if the person or thing carrying out the
action is feminine singular then the past
participle must add an extra **e** to show feminine
singular agreement. What would you add to
show:
— masculine plural agreement?
— feminine plural agreement?
Prove that you have understood by making an
agreement where necessary in the examples
below. (If you think there is more than one
answer explain your reasons to your friends.)

1 Je suis sorti.   6 Nous sommes
2 Tu es descendu.   tombé.
3 Il est venu.   7 Vous êtes entré.
4 Elle est resté.   8 Ils sont mort.
5 On est monté.   9 Elles sont parti.

All reflexive verbs form their perfect tense with
être. They operate in exactly the same way as
other **être** verbs except that the **me, t', s',**
nous, vous, se are placed before the part of
être.

Complete the following example:

Je me suis levé(e)
Tu t'es
Il s'
Elle
On
Nous nous
Vous

16

Ils
Elles

A number of important French verbs have irregular past participles. Make certain you and your friends know what all the following mean and that you can use them in all their parts not just the ones shown.

Il a fait	Ils ont mis
Nous avons pris	Vous avez connu
Elles ont compris	Il a souffert
Vous avez dit	Tu as tenu
Nous avons couru	Elle a écrit
Ils ont dû	On a suivi
Tu as lu	Vous avez ri
J'ai reçu	Ils ont souri
Elle a vu	Nous avons offert
Vous avez bu	J'ai ouvert
Ils ont cru	Ils sont venus
Elle a eu	Elles sont revenues
Elles ont été	Elle est devenue
Nous avons su	Il est né
J'ai pu	Elle est morte
Tu as voulu	

We've already revised the agreement of the past participle with **être** verbs. With **avoir** verbs there is an agreement occasionally but in a totally different way.

With **avoir** verbs there is no agreement with the person or thing doing the action (the subject). But there is an agreement with an object (**la, les, que**) when it comes *before* the verb.

In each of the following decide which agreement (if any) is necessary.

La liste, tu l'as vu?
Les petits pois? Je les ai mangé?
Tu sais où est le stylo que j'ai acheté ce matin?

c   The future tense
What are the English ways of expressing the future tense?

The easiest way to say what is going to happen in the future is open to you if you know how to say the present tense of the verb **aller**. Practise it with your friends. Next to make the *immediate future tense* all you have to do is to add the infinitive of your choice.

Je vais partir en vacances.
Tu vas préparer le repas du soir.
Il va enregistrer un disque.
Elle va laver la voiture.
On va boire quelque chose?
Nous allons faire la vaisselle.
Vous allez rester chez vous à Noël?
Ils vont revenir plus tard.
Elles vont trouver un petit emploi.
Marthe va jouer au tennis.
Nicolas et Michelle vont faire les courses.

Working in a group of about four people each of you should make up ten sentences about things that will happen in the future. Use as much variety as possible. Each person should then read out a sentence in turn and the others should try to be the first to say what it means in English.

The other way of expressing the future in French is to use the *simple future tense*. Can you remember how it is formed? Yes, that's right! With regular **-er** and **-ir** verbs you just add the endings **-ai, -as, -a, -ons, -ez, -ont** to the infinitive. With regular **-re** verbs you do the same thing but you miss off the **e** from the end of the infinitive.

Write down the full simple future tense of these three verbs: **marcher, remplir, rendre**.

As you are well aware, of course, not all verbs are regular. The following verbs form their future tense in an irregular way. What do they all mean?

Il aura	Je pourrai
Elle ira	Elles s'assiéront
Nous serons	Nous courrons
Je recevrai	Il mourra
Vous devrez	Il vaudra
Ils apercevront	Il faudra
Elles verront	Tu jetteras
Tu enverras	Vous lèverez
On viendra	Ils achèteront
Nous tiendrons	Elle essaiera
Elle saura	J'appellerai
Vous voudrez	

d   The imperfect tense

Remember that when you are writing or speaking in the past, the perfect tense is used for completed action and imperfect tense is used for description, 'was . . . ing', and 'used to . . .'. It is fairly easy to form the imperfect tense because there is only one exception to the rule, the verb **être**. Discuss with your friends how to complete the imperfect tense of the verb **être**.

J'étais	Nous étions
Tu _ _ _ _ _ _	Vous _ _ _ _ _
Il _ _ _ _ _ _	Ils _ _ _ _ _ _ _
Elle _ _ _ _ _ _	Elles étaient
On était	

By now you should have remembered that the endings for the imperfect tense are **-ais, -ais, -ait, -ions, -iez, -aient**.

But what do you add them to? Remove the **-ons** from the **nous** form of the present tense and then add the ending.

Can you demonstrate using these verbs? **parler, finir, prendre**.

Working with some friends try to make up a paragraph in French to show your teacher that you understand the difference in usage between the perfect and imperfect tenses.

e   The pluperfect tense

It is fairly easy to form the pluperfect tense once you know the perfect and the imperfect because it is a mixture of both. To form it you take a perfect tense and put the auxiliary verb (**avoir** or **être**) into the imperfect:

J'ai fini → J'avais fini
Je suis revenu → J'étais revenu

The rules of agreement of the past participle are the same as for the perfect tense.

The pluperfect tense is used to express something further back in the past than the perfect. Discuss its meaning with your friends.

Change these verbs in the perfect tense into the pluperfect tense and write down their meanings.

Je suis arrivée.
Nous avons fait la lessive.

Elles sont descendues.
Vous êtes partis.
Tu as lu un magazine.
On est entré.
Ils ont ouvert leurs cadeaux.
Elle est tombée.
Il a suivi la voiture verte.

f   The past historic tense

This is a useful tense to be able to recognise when you are reading stories. It is not usually spoken. The past historic means exactly the same as the perfect. If you are aware of the endings it takes you can usually work out which verb a particular example come from.

All **-er** verbs have the following endings:

-ai, -as, -a, -âmes, -âtes, -èrent

You are most likely to come across **-ai, -a, -èrent**.

Most verbs ending in **-ir** and **-re** have these endings:

-is, -is, -it, -îmes, -îtes, -irent

You are most likely to meet **-is, -it, -irent**.

Many verbs ending in **-oir, -oire, -aître** take the following endings:
-us, -us, -ut, -ûmes, -ûtes, -urent

You are most likely to meet **-us, -ut, -urent**.

In a number of cases you can recognise a verb in the past historic from a knowledge of its past participle. Give the meanings of all the following.

Elle eut	Je partis
Ils burent	Il put
Je connus	Elles prirent
Elles coururent	Ils reçurent
Il dut	Je sus
Elles dirent	Il sortit
Je dormis	Elle suivit
Elle lut	Ils vécurent
Ils mirent	Elles voulurent

These are a little more difficult but quite important.

If you don't know what they mean *find out*!

Je fus   Elles naquirent
Elle fit   Il vit
Ils moururent   Elle tint
Je vins

g   The conditional tense

This tense is formed in much the same way as the future but instead of the future endings it has the following endings:

-ais, -ais, -ait, -ions, -iez, -aient

Did you notice that the conditional tense is made up of the future stem and the imperfect endings?

Here is an example of a verb in the future and the conditional. Discuss with your friends the difference in meaning between the two: **J'irai**; **J'irais**

Turn all these words in the future tense into the conditional tense and write their meanings next to them.

Je donnerai
Tu choisiras
Il entendra
On aura
Nous ferons
Vous verrez
Ils pourront
Elles sauront

h   The conditional perfect tense

The conditional of **aimer** is **J'aimerais** = *I would like*. In order to say 'I would have liked' you use the conditional perfect. To form the conditional perfect you use the conditional of the auxiliary verb (**avoir** or **être**) with the past participle of the verb in question.

I would have liked = **J'aurais aimé**
I would have returned = **Je serais revenu**

Discuss with your friends how to say the following in French:

1   He would have spoken
2   She would have remained
3   We would have preferred
4   They would have entered

i   Questions

Look at these examples and then discuss with your friends the different ways of asking a question in French.

Avez-vous vu le film à la télé hier soir?
Tu aimes les petits pois?
Est-ce que ta mère travaille?
Combien de bonbons as-tu mangé?

j   Negatives

Can you remember all the different negatives in French? Test yourselves by discussing with your friends the meanings of the following:

1   Je ne partirai pas avant jeudi.
2   Elle ne va plus au club des jeunes.
3   Nous n'avons rien dit.
4   Vous n'êtes jamais allée en France?
5   Ils n'ont vu personne dans le jardin public.
6   Elles n'ont ni stylo ni crayon.
7   Tu n'as que dix minutes pour faire cet exercice de maths, alors vite!
8   Je n'y vois aucun problème, mademoiselle.

Make up a sentence of your own for each of the negatives used above and read them out to your friends so that they can try to be the first to say what they mean.

k   Orders

Look at these examples and find out what they mean. Then discuss with your friends the different ways of giving orders in French.

1   Viens ici!
2   Mange ta viande, s'il te plaît!
3   Va au lit!
4   Regardez cette femme!
5   Allons au supermarché!
6   Couche-toi immédiatement!
7   Levez-vous!
8   Ne fais pas ça!
9   Ne me regardez pas!
10   Ne revenez plus ici!

l   The present participle

This is very useful for helping you to write and speak interesting French. It is formed by removing the **-ons** from the **nous** form of the present tense of a verb and adding **-ant**.

The present participle in French is used with **en** to mean *while, on,* or *by doing something*.

The **-ant** in French means '-ing' in English.

Complete these examples

1 Nous regardons → regard- regardant
2 Nous finissons   → ....
3 Nous entendons → ....

Three exceptions to the rule are: **étant, ayant, sachant.**

Which verbs do they come from?

Work with some friends to discover what the following mean and then make up some similar examples of your own.

1 En passant devant la maison, il a vu la dame par la fenêtre ouverte.
2 Nous avons décidé de fêter la fin des examens en allant au café ensemble.
3 En rentrant chez elle, elle a découvert que les diamants avaient disparu.

m The perfect infinitive
This can be used in some expressions to make your written and spoken French more interesting. What do these mean?

1 Après avoir pris le petit déjeuner, elle est partie pour l'école.
2 Après être rentrés chez nous, nous nous sommes couchés tout de suite.
3 Après s'être habillée, elle est descendue voir si le courrier était arrivé.

Make up three sentences like the above using **avoir, être** and **s'être**.

n Using two verbs together
When two verbs are used together they are not always joined together by a preposition (like **à** or **de**). You can simply have **J'aime sortir.**

Look at all the following verbs and in discussion with your friends decide whether they are followed by **à** or **de** or nothing when they are used in front of another verb.

commencer	aimer	finir
aller	falloir	savoir
espérer	devoir	pouvoir

| continuer | apprendre | décider |
| essayer | refuser | |

o Si
Discuss with your friends three different ways of using **si**. Use these examples to help your discussion.

1 — Tu n'as pas fait la vaisselle?
   — Mais si!

2 Il a fait si beau pendant mes vacances que j'ai pu nager dans la mer tous les jours.

3 Si elle arrive avant huit heures nous pourrons dîner ensemble.
4 Si j'avais une moto je ferais des promenades tous les week-ends.
5 S'il avait passé un peu plus de temps sur ses devoirs, il aurait eu une meilleure note.
6 Si nous étions sortis à l'heure habituelle, nous ne t'aurions pas vu.

p Depuis
What is the literal translation of **depuis**?
What does it mean in a sentence like these?
**J'apprends l'allemand depuis cinq ans.
J'habitais en Belgique depuis plusieurs mois.**

Discuss with your friends how the two sentences above would be translated into English and how the tenses used differ between English and French. Invent another sentence like each of the above to show you understand how to make use of **depuis**.

q Venir de . . .
What do these two sentences mean?

1 Nous venons d'arriver à l'hôtel.
2 Elles venaient de terminer leurs études.

What is the tense of **venons**?
What is the tense of **venaient**?

Complete these rules:
Use the present tense of **venir** + **de** + *infinitive* of another verb to say ....
Use the .... tense of **venir** + **de** + *infinitive* of another verb to say *had just.*

Invent another example of each and show them to your friends.

r   The passive voice

Here is an example of the passive voice:

Le lait a été vendu cinq francs le litre.

(A tense of the verb **être** used with another past participle which then acts like an adjective). French often avoids the use of the passive voice in one of two ways. Look at the following examples and then discuss with your friends how this can be done.

1   On a vendu le lait cinq francs le litre.

2   Le lait s'est vendu cinq francs le litre.

Listening

Basic level

1   You have met a girl on holiday in France. You ask for her telephone number. Listen to her reply and write her number down.

2   A French boy shows you this photo and tells you about it. Who are the four people shown?

3   In Dinan you meet the grandfather of a French friend. You ask him how long he has lived in Dinan. Listen to his reply. How long has he lived there?

4   A French woman describes her house and garden to you.
  a When was her house built?
  b Name two things that she says can be found in her garden.

5   You have asked a French boy about his school.
  a About how many pupils are there at his school?
  b Which building was added to the school last year?

6   You want to get some batteries for your personal stereo. When you arrive at the electrical shop, the shopkeeper is just about to lock up. You ask her if you can buy the batteries. What does she suggest you do?

7   You arrive at the bus stop to catch a bus into town. There is a man waiting there. You ask him when the next bus is.
  a How often do the buses run?
  b When will the next bus arrive?

8   A girl tells you about what she does at weekends. Write down in your notebook what she usually does at the following times: Saturday morning; Sunday afternoon; Sunday evening.

9   You ask your French penfriend if she has been on holiday this year.
  a What kind of holiday did she go on?
  b How did she travel?

10   You are staying with a friend in France. Tomorrow afternoon you are hoping to go camping in Brittany. Listen to the radio weather forecast and jot down what the weather will be like tomorrow afternoon.

11   You are treating a couple of French friends in a *salon de thé*. What will you have to order for them to drink and eat?

Boy: .... Girl: ....

12   The parents of your penfriend Véronique have called to see you at your home. Shortly before they are due to leave Véronique's father asks you something.
  a What does he invite you to do?
  b When?

13   You arrive at a camp site in the south of France. The warden gives you a warning.
  a What does he tell you to do?
  b Why?

14   You are surprised that your penfriend has so much money to spend. You ask her why and she explains.
  a How much pocket money does she get?
  b How does she earn 100 francs a week?

15   A French friend who is staying with you does not feel well. He tells you what is wrong with him. Pass on the information to the doctor. Which three things are wrong with him?

1................   2................   3................

16   You are alone at the home of your French friend Jean-Claude when the phone rings. You answer it and take a message.
  a Who is the message for?
  b What is the message?

17   Your French friend does not seem to speak much English. You ask her if she speaks any other languages.
  a Which language does she say she is best at?
  b Why is she best at this language?

18   You ask the warden at a youth hostel by what time you should leave the following day.
  a By what time does she say you should leave?
  b What must you do if you wish to stay longer?

19   A French boy tells you about his family pets. Make a list of the pets in your notebook, noting how many of each they have.

20 When visiting a French town for the first time you ask the way to the post office. Where on the map would the post office be? Write down the correct letter.

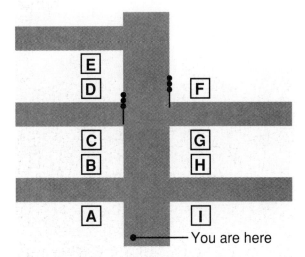

— You are here

21 A boy tells you how he gets to school.
  a How does he usually get to school?
  b How does he get to school when the weather is bad?

22 You have just ordered a ham sandwich in a French café. Listen to the waiter.
  a What is the problem?
  b What choice does he offer you?

23 A French girl is staying at your house. She can't find her bag.
  a What does the bag look like?
  b What is inside it?

24 A boy tells you about the family's jobs. Write down in your notebook what his mother, father and brother do.

25 You have rung directory enquiries to get a friend's phone number. Write his number down.

26 You are travelling by train when you hear a message through the intercom. Which two pieces of information are you given?

27 Your penfriend's mother reads out the weather forecast from the local newspaper. In your notebook, copy down the weather symbols for the weather conditions this afternoon and this evening.

28 While camping in France you have been bitten by mosquitoes. You are at the chemist's to get something for the bites. Listen as the chemist explains how to use the cream. Note down his instructions.

29 You have gone into a bank to change £50 worth of travellers' cheques. What does the bank employee ask you?

30 You ask a French friend to go to the disco with you this evening.
    a What is her reply?
    b What does she then suggest?

31 A girl describes the apartment where she has stayed on holiday.
    a How far was it from the sea?
    b Where did she sleep?

32 You are in a department store in France and you want to buy a road map of the region. You ask a shop assistant where you can get one.
    a Which floor is the right department on?
    b Which other piece of information are you given?

33 You are travelling by car with your family in France when a woman flags your car down. What does she want?

34 You are in a railway station. You want to arrive in Rouen before midday. You have asked if there are any trains to Rouen this morning. Listen to the answer and choose which train you would catch.

35 A boy talks about his bedroom.
    a Does he have the room to himself or does he share it?
    b What does he say there is in his bedroom?

36 At breakfast your penfriend, who is staying at your house, mentions a problem to you. What is wrong?

37 You meet a boy who has just arrived from France at the railway station.

    a What was wrong with the boat journey?

    b What was wrong with the train journey?

38 You have just booked your family into a hotel. The receptionist tells you something.

    a What is the slight problem?

    b What does he offer to do about it?

39 You go into a tourist information office and ask for details of things to do in the region. Note down the four things that the person suggests.

40 In a snack bar the waitress brings you a bill for 39 francs 50. You count out some money and give it to her. What does she tell you?

41 You catch the end of the news on the radio.

    a What was the score in the France versus Ireland football match?

    b When was the final goal scored?

42 As part of a school project you are asking young French people about what there is to do in their town. Listen to these three young people and note down the places they go to in their free time.

    a ....

    b ....

    c ....

43 A French boy tells you about the pocket money he gets and what he spends it on.

    a How much does he get per week?

    b What does he spend it on?

44 You are waiting at a French airport for a flight to London. An announcement is made. What do you have to do?

45 At a youth hostel you ask where the toilets are. You are given two choices. What are they?

46 While staying with a French family you ask what you can do to help. What two things are suggested?

47 While rushing for the Paris train you run on to a platform and ask a guard: 'Is this the right train for Paris?' What two things do you learn from his reply?

48 Your exchange partner has sent you a cassette on which she describes herself. Fill in the following details:

    a Height ....

    b Hair ....

    c Eyes ....

    d Favourite clothes ....

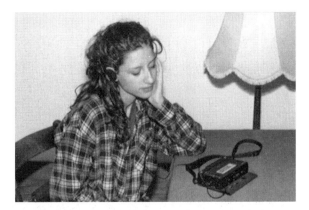

49 A French boy explains which part of France he comes from.

    a In which part of France is Saint-Jean-de-Luz?

    b What is it famous for?

50 You have asked your penfriend, who is staying with you, what she thinks of the food in your country. Make two columns in your notebook, likes and dislikes, and put what she likes and doesn't like in the right column.

51 A French girl tells you what her holiday plans are.

    a What sort of holiday will she have?

    b What does she plan to spend her time doing?

52 You need to find your own way to the swimming pool. Your penfriend's mother explains how to get there.

    a Which bus should you get?

    b Where should you get on?

    c Where should you get off?

53 In a grocer's shop you ask for a plastic bag to carry what you have bought. What does the shopkeeper say about the two bags he shows you?

54 You are looking in the window of an electrical goods shop with your penfriend when she mentions something she would really like to buy.

    a What would she like to buy if she could afford it?

    b How much is it?

55   You are talking with some French friends about what you would like to do when you leave school. What plans does this French boy have for the next few years?

    a   How old will he be when he leaves school?

    b   What job does he want to train for after that?

56   While travelling by car in France, you ask a policewoman if it is all right to park in this street.

    a   How far away is the car park?

    b   Which building will you expect to find near the car park?

57   Having arrived at your penfriend's home you speak to his father. What does his father tell you?

58   While shopping in a French supermarket you hear an announcement about a special offer.

    a   What is the special offer on?

    b   How much would you save?

59   While staying with you, your French penfriend suddenly rushes from the living room into the kitchen and says something to you.

    a   What has he done?

    b   What is he worried about?

60   You have arrived at a French camp site and the warden gives you a choice of two different places to pitch your tent. What details does she give about both of them?

61   You see *hachis Parmentier* on the menu of a French restaurant and ask the waiter what it is. What are its two main ingredients according to the waiter?

62   You have booked a room for your family in a French hotel, but when you arrive there is a problem.

    a   What is the problem?

    b   What does the receptionist suggest?

63 While on holiday in France you visit a castle. You are met at the entrance by the official guide.

 a When was the castle built?
 b What is it famous for now?

64 You are changing some travellers' cheques at a French bank. The employee deals with all the paperwork then she returns your passport to you. What does she tell you?

65 You are waiting at a railway station for the train to Lyon. An announcement comes over the loudspeaker. What does it tell you?

66 A friend is telling you about his holiday in Spain. He stayed in a flat and he tells you about some of the things that were in the flat.

 a What does he mention as being in the kitchen?
 b What does he say could be found in every bedroom?

67 A girl tells you what her hobbies are. She mentions three things. Make a list of them in your notebook.

68 When you stop in a youth hostel you can be asked to help out by doing a job. This warden explains the rule to you. Which two jobs does he offer you the choice of?

69 Your penfriend's mother comes in from work a little shaken because she has just witnessed a road accident.

 a Name the two vehicles involved.
 b Who was to blame?

70 While staying with you for a few days, your French penfriend is outside playing tennis. He suddenly rushes in with this hand bleeding.

    a What has happened to him?

    b What does he ask you to do?

71 You have asked a French girl what type of film she likes.

    a Which type of film is her favourite?

    b Which type is her second favourite?

72 You have been staying with your penfriend's family. It is now nearly time to leave. Your penfriend's mother explains the best way to get to the airport.

    a Why can't she or her husband take you?

    b What does she suggest as the best way of getting to the airport?

73 A French boy tells you about a film he has seen on the television.

    a What sort of a film was it?

    b What did he think about it?

74 You are walking along a street in your town when a car with French number plates pulls up alongside you.

    a What problem does the motorist have?

    b What does she ask you to do?

75 On a visit to Paris you try to book into a hotel. The receptionist explains that there are only two rooms available. Write down two differences between the two rooms.

76 You ask a French girl how she spends her time during the holidays.

    a Why doesn't she go away on holiday very often?

    b Why does she like going to her uncle's house?

SUCCÈS

Listening cassette transcript

Ken Foden   Oxford

Oxford University Press, Walton Street, Oxford OX2 6DP

Oxford   New York   Toronto
Delhi   Bombay   Calcutta   Madras   Karachi
Petaling Jaya   Singapore   Hong Kong   Tokyo
Nairobi   Dar es Salaam   Cape Town
Melbourne   Auckland

and associated companies in
Berlin   Ibadan

Oxford is the trade mark of Oxford University Press

© Ken Foden 1992
First published 1992

ISBN 0 19 912097 8

Set by Tradespools, Somerset
Printed in Great Britain

Side 1

1 Tu veux mon numero de télèphone? Tu as un crayon et du papier? Alors, c'est le 42 46 99 92. Je te le répète 42 46 99 92. Ça y est. Tu l'as noté?

2 Tenez, voici justement une photo de ma famille. Regardez, à ma gauche il y a ma sœur et à côté d'elle, son mari. Et la femme qui est assise à côté des deux est, en fait, ma grand-mère.

3 Eh bien, j'ai .. jai vécu à Dinan pendant presque toute ma vie; c'est-à-dire soixante-douze ans. J'ai eu l'occasion de partir pour de plus grandes villes mais j'ai préféré rester chez moi, ici à Dinan.

4 Alors, j'ai une maison. . . elle est assez vieille. Elle date du dix-huitième siècle. Elle est assez petite mais j'ai un jardin énorme avec des grandes pelouses, des arbres, des fleurs. Je cultive un peu de tout: des pommes de terre, des tomates, des pommes. Voilà.

5 Eh ben, c'est un lycée à peu près comme les autres. La construction est moderne comme vous pouvez le voir, mais je ne peux pas vraiment vous dire lorsqu'il a été construit. Il est assez grand. Il a environ mille élèves. Et l'année dernière on a construit un gymnase.

6 Oui, bonjour. Ecoutez, je suis désolée, mais comme vous voyez je suis sur le point de fermer le magasin pour le déjeuner. Ecoutez: revenez à partir de quatorze heures. Nous sommes ouverts de nouveau, pour cet après-midi.

7 Bon. Eh bien, écoutez le prochain bus arrive dans cinq minutes, à peu près. Oui, de toute manière il y en a toutes les trente minutes. Donc, vu l'heure le prochain devrait arriver à dix heures trente-cinq.

8 Oh ben, le week-end. . . ça commence pas avant samedi après-midi parce que le samedi matin je vais à l'école. L'après-midi, je fais des devoirs. Quelquefois je vais faire des courses avec mes parents. Samedi soir, je regarde la télé ou je vais à une boum. Le dimanche matin, je vais à la messe et puis après je déjeune en famille avec les grands-parents. De temps en temps, on va au restaurant. L'après-midi, s'il fait beau, on se promène dans le parc. Et le soir je prépare mes affaires pour lundi matin, pour l'école. Je me couche vers dix heures et d'habitude je lis pendant une demi-heure.

9 Après Noël, je suis partie dans les Alpes. C'était la première fois que je prenais l'avion. C'est. . . J'avais un peu peur mais ça s'est bien passé. J'ai fait mes débuts de ski aussi et c'était pas mal. Et j'aimerais bien y retourner l'année prochaine, si mes parents sont d'accord.

10 Bonsoir. Le temps pour demain. Pour toute la Bretagne: alors dans le nord, il fera beau le matin avec des averses de temps en temps; une température de vingt et un degrés. Dans le sud il fera plus frais: température maximum: dix-neuf degrés avec une pluie plus forte. L'après-midi, il y aura des vents forts et il pleuvra probablement partout.

11 Oui, un citron pressé pour moi, s'il vous plaît. Puis . . . attendez . . . je prends une tartelette aux framboises. Toi, qu'est-ce que tu veux?
– Moi, je vais prendre un chocolat chaud et puis . . . non, c'est tout. J'ai pas très faim.

12 Mais, écoute, tu devrais venir parce que, finalement, tu as quoi . . . peut-être une semaine, ou même quatre, cinq jours? Viens passer les vacances de Pâques à la maison. De toute façon, il fera très beau. Bon. Et tu sais bien que ma fille. Véronique, parle tout le temps de toi. Elle sera vraiment très contente de te revoir.

13 Bon, alors écoutez, si vraiment vous voulez vous servir de vos barbecues, vu le temps excessivement sec je vous demande d'utiliser uniquement des barbecues à gaz.

14 En fait mes parents me donnent en général cinquante francs par semaine et en plus je fais souvent du baby-sitting pour ma sœur ou des amis de ma sœur et je gagne cent francs par semaine.

15 Je ne me sens pas très bien. Je crois que j'ai de la température. Et j'ai très mal à la tête. Je suis vraiment très fatigué. Tu ne peux pas m'appeler un docteur?

16 Allô. Bonjour. C'est Véronique. Ecoute, est-ce que tu peux donner un message à la mère de Jean-Claude, s'il te plait? On devait faire du jogging ce soir mais, imagine-toi que je me suis cogné la jambe contre un placard et elle me fait très mal. Alors, tu peux m'excuser auprès d'elle? Je l'appellerai demain.

17 Oh, je parle anglais et espagnol. Je ne suis pas très forte en anglais. Je n'aime pas le professeur. Elle n'est pas sympa. Euh … je suis bonne en espagnol. Je suis bonne parce que je passe mes vacances d'été en Espagne tous les ans.

18 A quelle heure est-ce que vous devez partir? Ben, écoutez, en principe vous payez de midi à midi. Maintenant si vous voulez rester une nuit de plus, il faudra me le dire avant onze heures. D'accord?

19 Mais tu sais, on a beaucoup d'animaux dans ma famille. Toute me famille adore les animaux. On a un chien. On a deux chats, six poissons et deux tortues. Tout le monde les adore et puis on les a depuis environ deux ans, je pense.

20 Alors, pour aller à la poste? Bon, ben, vous allez tout droit. Aux feux, là, vous tournez à gauche et puis la poste sera sur votre gauche.

21 Ben, en général, j'y vais à vélo. Ce qui est bien c'est qu'au lycée on a un endroit pour, … pour poser les vélos, alors comme ça, on peut pas, on ne peut pas se les faire voler, tu comprends? Et puis lorsqu'il pleut, eh bien, mon père prend sa voiture et puis il m'accompagne au lycée. Comme ça c'est bien.

22 Ah, écoutez, je suis désolé mais je ne peux pas vous faire de sandwich au jambon. Il ne nous reste plus de jambon aujourd'hui. Mais par contre, je peux vous proposer soit du fromage ou du pâté.

23 C'était un sac en plastique. Tu sais le genre de ce qu'on trouve dans les supermarchés. Il était bleu et blanc et ce qui est embêtant c'est j'avais un appareil-photo et mon porte-monnaie dedans.

24 Moi, je suis encore à l'école. J'en ai pour encore deux ans. Mon frère, ça va faire environ un an qu'il est au chômage. Mon père et ma mère sont les seuls à travailler. Mon père travaille dans un … dans une usine de machines à laver et ma mère, elle travaille dans un supermarché.

25 Bon, alors Monsieur Delsaux, Frédéric, 13 Rue des Tilleuls. C'est le 29 65 05 42. Je répète 29 65 05 42.

26 Mesdames, messieurs, bonjour. La SNCF est heureuse de vous annoncer que le déjeuner sera servi dans le wagon-restaurant jusqu'à quatorze heures. Nous vous proposons aussi un service de sandwiches, boissons au buffet en permanence.

27 Attends, je vais regarder la météo dans le journal. Alors, il neigera tout l'après-midi. Des chutes assez fortes … euh … partout, dans toute la région. Et ce soir, la température tombera en-dessous de zéro. Il va geler. Température maximum zéro degrés.

28 Voici une très bonne crème pour les piqûres de moustiques. Donc, vous l'utilisez trois fois par jour, le matin, l'après-midi et le soir. Et puis bien sûr si vous allez nager euh … vous en utilisez de nouveau, autrement, ça s'en va.

29 Vous voulez encaisser des chèques de voyage d'un montant de cinquante livres? Alors, il me faut une pièce d'identité. Une carte d'identité ou un passeport.

30 Ah j'aimerais drôlement aller en boîte mais je ne peux pas. J'ai plein de travail aujourd'hui. J'ai trop de devoirs. On pourrait le faire samedi soir prochain?

31 J'ai passé mes vacances dans un petit appartement, assez sympa, à deux cents mètres de la mer. Il y avait une cuisine, un petit séjour, deux chambres, une salle de bains et j'ai couché sur le canapé du salon. C'était assez confortable.

32 Une carte routière? Oui, vous trouverez ça au rayon papeterie. C'est au troisième étage et l'ascenseur est là-bas.

33 Monsieur, ah, monsieur, merci de vous arrêter. Ecoutez, ma voiture ne marche plus. Je crois que je suis en panne d'essence. Est-ce que vous pourriez me conduire à la prochaine station-service, s'il vous plait? Ça me rendrait service.

34 Il y a deux trains pour Rouen ce matin. Alors, il y en a un qui part à neuf heures cinquante-six et qui arrive à Rouen à onze heures. Il y en a un autre . . . euhm . . . il part à onze heures quinze et il arrive à Rouen à douze heures dix-neuf.

35 Ben, tu vois, je partage ma chambre avec mon petit frère. On ne s'entend pas mal en général. Ce qui est chouette, c'est qu'on a une télé noir et blanc dans la chambre. Alors, de temps en temps, les parents nous autorisent à regarder la télévision tard le soir. C'est chouette!

36 Ecoute, je suis embêtée, j'ai cassé ma montre. Mes parents me l'avaient donnée à Noël. Il faut que je la fasse réparer avant de rentrer à la maison

37 Le voyage était affreux. Dans le bateau, on a eu une mer agitée. Tout le monde était malade. Et . . . euh . . . ensuite même . . . pendant qu'on prenait le train . . . il n'y' avait pas de siège dans le train. On a dû rester debout. Tout le monde était fatigué.

38 Bon et bien voilà vos clés. Euh, vos chambres sont au premier étage mais je suis désolé, l'ascenseur est en panne. Je peux vous aider avec vos valises si vous le désirez.

39 Oui, bonjour. Vous voulez des renseignements sur la région? Oh, il y a beaucoup à faire par ici. Vous avez . . . vous avez le château, à deux kilomètres du centre-ville; un lac où vous pouvez louer des pédalos et des barques. Et puis bien sûr, il y a le musée. Et l'église qui date du douzième siècle.

40 Pardon, je suis désolée, mais vous ne m'avez pas donné assez d'argent. Vous m'avez donné vingt-neuf francs cinquante et c'était trente-neuf francs cinquante.

41 Et maintenant le résultat du match de football qui s'est déroulé à Dublin. La France a battu l'Irlande par trois buts à deux, marquant le dernier but trois minutes avant la fin du match.

42 **a** Ah, moi, dans ma ville, il n'y a vraiment rien à faire à part écouter de la musique au café.
b Ah, moi, j'aime le club des jeunes. On peut danser; on peut faire du tennis de table; on peut faire plein de choses.
c Moi, j'aime surtout la natation. Dans ma maison de campagne, il y a une belle piscine d'été et bien souvent on passe tout notre temps à nager.

43 J'ai soixante-dix francs d'argent de poche par semaine. Ben, oui, c'est pas mal. Et si je travaille bien à l'école, eh bien, mes parents me donnent un peu plus. et . . . comment je dépense mon argent de poche? Eh bien, j'achète des disques ou j'achète des vêtements. Ça dépend.

44 Vol AF 101 à destination de Londres, départ à seize heures vingt, les passagers sont priés de bien vouloir se rendre à la porte numéro sept.

45 Bon, alors les toilettes, nous en avons au premier étage juste à côté des dortoirs mais il y en a aussi au rez-de-chaussée à côté de la salle à manger.

46 Ah, ben, c'est gentil de vouloir m'aider. Et bien, écoute, tu peux faire la petite vaisselle et puis après tu peux aller faire des courses. On a besoin de saucisson à l'ail pour le déjeuner.

47 Ah, non, attention. Ça n'est pas le bon train pour Paris. Regardez, c'est le train pour Bordeaux. Le train pour Paris part du quai numéro huit. Allez, dépêchez-vous, c'est là-bas.

48 En bien, je fais un mètre cinquante-cinq. J'ai des longs cheveux bruns. J'ai les yeux verts et euh . . . j'aime bien porter des jeans et des pull-overs.

49 J'habite à Saint-Jean-de-Luz. C'est un port pas, pas très loin de Bayonne dans le sud-ouest de la France. Surtout un port de pêche. Beaucoup de gens, ils viennent pour ses sardines.

50 La nourriture anglaise? Bof, euh . . . j'adore les frites. J'aime bien les saucisses mais je déteste le pain et le fromage. C'est surtout le pain que je déteste.

51 En juillet, je dois aller camper avec des amies. On a découvert un super terrain de camping juste sur un lac et je vais pouvoir faire de la planche à voile. C'est mon hobby préféré.

52 Ah, vous voulez aller à la piscine? Eh bien, prenez le quarante-sept, à la place du marché. Vous allez voyagers pendant environ deux kilomètres mais demandez au chauffeur de vous déposer à la mairie. La piscine est à deux minutes de là. Mais il faudra peut-être demander votre chemin.

53 Oui, ben alors j'ai le petit, là, comme celui-ci, là, ou alors le grand. Le petit est gratuit, hein? Le grand, cinquante centimes.

54 Un sèche-cheveux . . . oh, il y a aussi une radio, une télé couleurs. Oh, regarde cette chaîne stéréo. Elle est fantastique. Si j'avais de l'argent, je l'achèterais: cinq mille francs.

55 De toute façon, je reste à l'école jusqu'à dix-huit ans. Il est hors de question que je parte avant. Et si je passe tous mes examens, je compte aller à l'université pour pouvoir ensuite travailler dans une banque.

56 C'est stationnement interdit aujourd'hui dans cette rue: c'est le jour du marché. Par contre, il y a un parking à trois cents mètres environ . . . c'est tout droit, place de l'église. Il y aura de la place de bonne heure.

57 Ah, bravo. Ah, vraiment ton français est fantastique. Vraiment extraordinaire. J'aurais bien aimé parler anglais comme ça, moi.

58 Bienvenue à Mammouth. Aujourd'hui, promotion spéciale au rayon des boissons. Par exemple, nous offrons une réduction de deux francs sur les packs de six bouteilles de jus de fruit.

59 Zut, j'ai laissé tomber une tasse de café sur la moquette. Ah, là, là, je vais encore me faire gronder par tes parents. J'ai peur.

60 Nous sommes presque pleins. Il ne nous reste plus que deux emplacements. Il y en a un, assez grand, près du magasin. Il est très bien. Et un autre, plus petit, près du bloc sanitaire. Vous prenez celui que vous préférez.

61 Alors, le hachis Parmentier, eh bien c'est de la viande hachée avec sur le dessus de la purée de pommes de terre. C'est d'ailleurs très bon.

62 Oui, je comprends mais aujourd'hui nous sommes le dix-sept et vous avez réservé une chambre pour le dix-huit. Alors, écoutez, nous pouvons vous donner une autre chambre pour ce soir mais demain matin il faudra déménager.

63 Bienvenue à notre château. Il a été bien sûr construit à partir de 1526. Et de nos jours, il est surtout célèbre pour les concerts de musique en plein air qui y sont donnés.

64 Alors, voilà votre passeport. Euh, la caisse est juste là, à droite.

65 Mesdames, messieurs la SNCF regrette de vous annoncer le retard de cinq minutes du train express à destination de Lyon.

66 Pendant ces vacances on a loué un appartement pendant deux semaines. On avait tout ce qu'il fallait dans la cuisine. On avait même une machine à laver la vaisselle. Et ce qui était bien aussi, c'est que dans toutes les chambres il y avait une télé portative.

67 J'adore écouter de la musique pop, surtout les groupes américains. J'ai plein de disques chez moi. Et je collectionne aussi les cartes postales. J'en ai quatre cents de . . . qui viennent de tout le monde. Et j'aime beaucoup écrire à mes amis qui sont partout dans le monde.

68 Bon alors, comme je l'avais expliqué hier, avant de partir il y a quelques tâches à faire. Donc vous avez le choix soit entre faire la vaisselle on bien nettoyer le dortoir.

69 – Oh, tu sais, j'ai vu un accident aujourd'hui en rentrant du travail.
– Ah, oui?
– Ben oui. Tu sais au croisement des trois chemins.
– Oui.
– Eh bien, il y avait une voiture qui roulait bien trop vite.
– Oui.
– Et la motocyclette qui venait dans l'autre direction n'a pas eu le temps de s'arrêter.

Et le motocycliste est passé par-dessus sa moto. Il est retombé.

– Oh, là, là.

– Et il avait l'air vraiment gravement blessé. Selon moi, c'est la faute de la voiture.

70 Oh, la vache, ça lance. Ben, oui, le chien de tes voisins m'a mordu. Je suis allé dans leur jardin pour ramasser ma balle de tennis et il m'a mordu la main. Tu peux venir avec moi chez le docteur?

71 J'adore aller au cinéma. J'aime bien aussi regarder les vidéos. Euh, j'adore les films d'épouvante: les films comme *Les maîtresses de Dracula*. Mais je préfère la science-fiction.

72 Ah, c'est dommage. Le jour de votre départ, je travaille et mon mari aussi. Il faudra que vous preniez un taxi. Oh, ça ne prend que vingt minutes environ. Si vous prenez le bus, ça prendra au moins une heure.

73 Ah, j'ai vu un film à la télévision, un film de guerre. C'était affreux, un véritable bain de sang. C'était très bruyant; il y avait trop de violence, trop de sang. J'ai pas du tout aimé.

74 Excusez-moi, s'il vous plaît. Je viens d'avoir une crevaison à l'entrée de la ville. J'ai mis ma roue de secours mais vous pourriez m'indiquer le garage le plus proche où pourrais faire réparer mon pneu crevé?

75 Eh bien, nous avons deux chambres de libre. Pour une personne avec douche, télé en couleurs au troisième étage ou une autre chambre toujours pour une personne, celle-ci avec salle de bains, WC, télé en couleurs aussi, mais elle est au rez-de-chaussée.

76 Euh, non, je ne pars pas très souvent en vacances parce que ça revient trop cher. Je n'ai pas assez d'argent. Euh, en général je reste chez moi mais je m'ennuie alors du coup je vais . . . j'aime bien aller chez mon oncle. Comme ça je vais faire des promenades à bicyclette avec ma cousine.

Side 2

77 Ben salut. Je suis ton nouveau correspsondant. Je m'appelle Martin Vicier. Je suis assez grand. J'ai des cheveux noirs. J'ai des cheveux courts. Sur la photo que je t'ai envoyée, je suis au deuxième rang. Je suis le troisième de la gauche à côté de la fille qui a des lunettes.

78 – Bonjour, mademoiselle. Vous désirez?

– Bonjour, madame. J'aurais aimé acheter une paire de chaussures.

– Oui, bien sûr, quelle pointure?

– Euh, je fais du 38.

– Du 38. Oui, et quelle couleur aimeriez-vous?

– J'aurais aimé les bleues . . . les chaussures bleues avec des boucles.

– Euh, oui. Nous avons des chaussures en 38, bleues, sur cette étagère.

– Ah, ben, parfait. Oui, je voudrais bien les essayer.

– Bon, ben, voilà.

– D'accord. Oh, j'ai l'impression qu'elles sont un peu trop étroites.

– Elles sont un peu étroites. Au oui, c'est vrai, oui. Euh . . . essayez du 39.

– Je vais peut-être essayer le 39, oui.

– Voilà, je vous apporte un 39.

79 On a fait un sondage sur les différentes activités que nos copains au club aimaient bien faire. On leur a demandé de noter chaque activité sur cinq points. Et, en général, euh . . . ça a donné du cinq points, du quatre points, du trois points et ainsi de suite, quoi. Les résultats étaient les suivants: la pêche, par exemple, a obtenu cinquante-deux points, en général; la planche à voile, cent neuf points; le camping, cent cinquante-huit points; les visites de monuments historiques, quatre-vingt-cinq points. Et, enfin, les tours en vélo, ils leur ont donné quatre-vingt-dix-sept points.

80 – Ecoutez, selon moi, la santé des jeunes d'aujourd'hui n'est pas aussi bonne qu'elle ne l'était quand moi j'étais jeune.

– Bien. Et vous avez des exemples à nous donner?

– Oui, par exemple, les jeunes ne font plus

de sport, presque pas. Beaucoup moins d'activité physique. Ils vont au collège en bus, en voiture …

- En mobylette, par exemple.
- En mobylette, oui.
- C'est vrai, c'est vrai, oui.
- Ils ne vont pas à pied ou en vélo.
- D'accord. Et alors, il y a d'autres indications qu'ils sont en moins bonne santé?
- Je pense que si … une des principales raisons, c'est leur alimentation.
- Ah oui.
- Je ne sais pas si vous avez remarqué mais les jeunes mangent beaucoup de hamburgers, des frites, pas beaucoup de fruits et pas beaucoup de légumes.
- Bien.

81 Bon, alors, je répète les détails de votre réservation. C'est donc un emplacement pour voiture et caravane avec une prise électrique, pour quatre personnes: deux adultes, deux enfants. Et vos enfants ont plus de sept ans, hein, c'est ça? Et c'est donc une réservation pour douze nuits du dix-neuf au trente août. Et en principe vous devriez arriver vers sept heures du soir.

82 Bonjour, vous avez appelé le service météorologique téléphonique. Aujourd'hui, pour tout le nord de la Bretagne, il fera un temps assez frais le matin, nuageux avec, cependant, quelques éclaircies. Cet après-midi verra un certain ensoleillement. Il fera assez chaud avec une température maximum de vingt-et-un degrés. Le soir sera plus frais avec une possibilité de pluie légère sur toute la région et des brumes dans l'intérieur.

83 Au oui, vous toussez beaucoup. Je pense que vous avez une angine. Alors, je vous donne du sirop pour la toux. Vous en prendrez deux cuillerées trois fois par jour. Et puis, prenez aussi des comprimés. Alors, un le matin et un le soir avant de vous coucher. Et je pense que ça ira beaucoup mieux dans deux ou trois jours.

84 **a** – Pardon, madame. Pourriez-vous me dire où je pourrais faire nettoyer ma veste à sec?
- Ecoutez, monsieur, c'est très simple. Vous avez une teinturerie en plein centre-ville, en face de la pharmacie.
- Je vous remercie.

b – Oh, pardon, monsieur, est-ce que c'est le bon autobus pour Evreux, s'il vous plaît?
- Euh, oui. C'est celui-là.

c – Dis-donc, est-ce que tu as beaucoup de devoirs pour ce soir?
- Non, je n'en ai pas beaucoup. J'ai juste du français, et puis en peu de maths. Non, pas grand-chose, et toi?

d – Oh, non, j'ai oublié mes tennis. Il faut que je retourne les chercher.
- Bon écoute, je vais continuer et puis je te verrai plus tard au centre sportif. OK?
- OK.

e – Ah, j'ai vachement aimé ce film mais j'ai trouvé la fin un peu bizarre, pas toi?
- Moi, je n'ai pas du tout aimé. Je le trouvais en général assez ennuyeux.

85 L'année prochaine, j'irai au lycée pour préparer le bac. Si je le réussis, j'irai ensuite à la fac pour faire des langues. Je ne sais pas exactement ce que je veux faire après la licence. Euh … je ne veux vraiment pas enseigner. Je n'ai pas du tout envie d'être professeur. Euh, j'aimerais bien travailler pour une compagnie internationale en Angleterre ou en Amérique.

86 – T'as vu *Juillet en septembre*?
- Ah, oui, je viens juste de le voir aujourd'hui.
- C'est bien le film écrit par le mec qui a fait *L'été meurtrier*? Sébastien … je ne me rappelle plus son nom …
- Sébastien … non, je ne sais pas son nom. Je ne sais pas son nom.
- Ça parle de quoi?
- Ah, c'est l'histoire d'une fille, Juillet. Elle a vingt ans. Euh … elle a été abandonnée par ses parents quand elle était très jeune.
- C'est triste.
- Ah, oui, c'est une histoire triste. Euh …

puis après elle retourne au village, le village où elle est née, pour essayer de retrouver sa mère. Oh, c'est un bon film.

87   Ben, pendant nos vacances, on est allé au camping de Jard-sur-Mer. Il y avait tellement de choses à faire, c'était génial. Il y avait une piscine. Il y avait des jeux. Il y avait des tennis de table, un jeu de boules. C'était vraiment bien. Ah, il y avait aussi des plats à emporter mais on n'en a jamais pris parce que, tu vois, c'est trop cher. Euh, pour aller à la plage, il fallait qu'on fasse deux kilomètres. Mais la plage était vraiment bien. On pouvait s'amuser dans l'eau. Il y avait des rouleaux. Bref, c'était chouette. Un jour, on est passé par la route départementale 21, par Talmont-Saint-Hilaire. Ensuite on a pris la départementale 949 pour les Sables d'Olonne. Là, on est allé au zoo. C'était très marrant. En repassant par Talmont, on a vu vraiment un super endroit. C'était tellement chouette qu'on a décidé de revenir le lendemain. Le lendemain, donc, nous sommes allés visiter le château. C'est pas mal. Sur le chemin du retour, on a vu un accident. Je pense que la voiture roulait trop vite. C'était dans un virage. La voiture était retournée. Elle était dans un champ. Mon père a tout de suite appelé une ambulance.

88   Bonjour. Ecoutez, pourriez-vous m'aider? Ça fait déjà deux fois que je passe par ici, je n'arrive pas à trouver la bonne route et j'aimerais que vous m'indiquiez où est la route qui mène vers l'autoroute pour Paris.

89   Non, je ne suis pas libre cet après-midi parce que tous les samedis après-midi je bosse au marché. Je déteste ce boulot mais j'ai vraiment besoin d'argent. Parce que l'année prochaine, j'aimerais bien aller pour … en été, j'aimerais bien aller en Suisse avec des amis et l'argent que me donnent mes parents ne suffira vraiment pas. Du coup, donc, je dois bosser dans ce marché. Je vends des fruits et des légumes. C'est super ennuyant. Je n'aime pas du tout certains clients. Il y en a qui sont sympa mais il y en a certains qui sont vraiment horribles. Et je peux te dire que le samedi soir, quand je rentre chez moi, je suis vraiment contente d'avoir fini.

90   Moi, je vais te dire franchement, j'adore faire la cuisine. J'adore surtout aider mes parents à préparer les repas, parce que bien souvent, comme mon père est chef dans un restaurant, il travaille tard le soir et, bon bien sûr, il faut que moi et ma mère, nous fassions la cuisine. Ma spécialité, c'est les tomates farcies. Ecoute, tu prends les tomates, tu les vides, tu mets de la viande dedans, de la farce et tu les cuisines au four, tu les fais bien rôtir. Ecoute, si tu veux, je vais demander à ma mère, si je peux t'inviter à venir goûter à mes tomates farcies la semaine prochaine. Il y a aussi mon dessert préféré. C'est la tarte aux pommes. J'en fais aussi. Ecoute, tu es libre mardi prochain? Si ça t'intéresse, hein, franchement, tu me le dis et je vais demander à mes parents.

91   – Ecoute, chérie, il faut quand même qu'on se décide. Moi, je n'ai pas envie d'aller faire du camping. Je préfère aller à l'hôtel.
– Eh ben, pas moi. Moi, je préfère dix fois le camping.
– Mais, écoute, à l'hôtel on aura tout le confort.
– Tu as … Tu as beaucoup de confort dans certains campings.
– Bon, d'accord chérie, mais écoute, tu ne vas pas t'amuser à faire le ménage. A l'hôtel, il n'y a pas de ménage.
– Mais ça m'est égal. Il n'y a pas de ménage à faire dans un camping.
– Bon, très bien, et alors, s'il pleut, par exemple, on va être coincé sous la tente.
– Oh, mais il ne pleut pas.
– Tu ne peux pas savoir ça. Ecoute, non, je trouve que tu devrais … euh …
– Ecoute, non, franchement, le camping c'est beaucoup moins cher. C'est beaucoup moins cher.
– Oui, c'est moins cher mais alors être en plein air, ça te plaît?
– Ah, ben oui.
– Bon, ben, alors tant mieux.

92   Passons maintenant au Soudan où les inondations continuent. Hier, à Khartoum, on a enregistré quinze centimètres de pluie en neuf heures. Des milliers de maison ont été détruites et les habitants se trouvent sans abri et sans nourriture. Les gouvernements de la Communauté Européenne ont promis de l'aide. Dès demain, des colis de nourriture et de vêtements devraient partir pour le Soudan.

93   La première fois que je suis allée dans ce pays, je suis allée dans une famille dans un petit village du sud-ouest. J'avais seulement treize ans. Il n'y avait personne à l'aéroport pour m'accueillir. J'avais drôlement peur. J'ai attendu pendant une demi-heure et enfin quand la famille est arrivée, ils ne se sont même pas excusés. Personne ne m'a pas parlé pendant le voyage, et quand on est arrivé à la maison, on m'a dit qu'il fallait que j'aille dans la chambre du fils puisqu'il était dans un camp de scouts. La chambre était horrible. Il y avait des affaires partout. Il n'y avait même pas de draps propres dans le lit. Et ce soir toute la famille est allée chez les grands-parents et on m'a laissée toute seule à la maison. La nourriture était infecte. A chaque repas, il y avait des frites graisseuses. Un jour, j'ai voulu me servir du téléphone mais ils ne m'ont pas autorisée à me servir du téléphone à la maison. Il a fallu que je sorte dehors. On n'est allé voir personne. On est juste sorti pour faire des courses au supermarché. Quand je suis rentrée en France, j'ai dit à mes parents que je ne voulais plus plus jamais sortir de France. Mais maintenant, j'ai réfléchi et j'ai changé d'avis.

94   – Hé, pardon, mademoiselle. Pourriez-vous me dire où vous allez?
   – Oui, je rentre à la maison, à Lille.
   – Bien. Est-ce que vous connaissez vos droits sur ce que vous pouvez rapporter en France?
   – Oui, j'ai lu le formulaire.
   – Bon, alors, est-ce que vous avez quelque chose à déclarer?
   – Non, non, monsieur, rien du tout.
   – Je peux vous demander d'ouvrir votre valise, s'il vous plaît?
   – Oui, mais, c'est vraiment nécessaire?
   – Je vous dis d'ouvrir votre valise.
   – Bon, voilà.

   – Tiens, et qu'est-ce que c'est ça, alors? Où avez-vous acheté cette montre en or?
   – C'est juste une petite montre que j'ai achetée en Irlande pour mon fiancé.

95   Le premier bâtiment de notre visite guidée de Niort est un bâtiment qu'on appelle Le Pilori. Il fut construit entre 1530 et 1535 et servait autrefois d'hôtel de ville. Il fut construit à l'endroit où se trouvait le pilori du Moyen Age, d'où son nom. Et de nos jours, il sert de musée.

Et voici le Donjon, construit au cours du douzième siècle par Henri II Plantagenet et Richard Cœur de Lion. Et c'est une partie du vieux château de Niort. En haut, il y a une vue magnifique de la région.

Voici maintenant l'église Notre Dame qui fut construite au quinzième siècle et qui fut réparée vers la fin du seizième siècle. Elle a été modifiée pendant le dix-huitième siècle. Vous admirerez la très belle flèche, construite en 1499, qui est à une hauteur de soixante-quinze mètres.

Le jardin public a été créé en 1722 et il offre une des plus belles vues de Niort, vers l'ouest, à travers le port.

96   – Bonjour, madame. Je peux vous aider?
   – Oui, monsieur, j'ai perdu mon collier.
   – Ah, quelle sorte de collier, madame?
   – Ecoutez, c'est une chaîne en argent avec six petits diamants.
   – Est-ce que c'est un article de valeur?
   – Non, elle n'a pas tellement de valeur, enfin plutôt une valeur sentimentale. C'est un cadeau de mon père.
   – Ah, bon, d'accord. Et est-ce que vous avez une idée d'où vous l'auriez perdue?
   – Ecoutez, j'ai remarqué que je ne l'avais plus cet après-midi, quand je me promenais dans le parc.
   – Oui, bien, écoutez, pour le moment la seule chose à faire est de remplir ce questionnaire avec tous les détails et puis en espérant que quelqu'un le ramènera.
   – Merci, monsieur.
   – Je vous en prie.

Succès is a skills-oriented examination practice book. Devised to accompany Hexagone Plus, it could equally well be used with other GCSE or Standard Grade courses.

The **Book** offers:

- comprehensive topic coverage at both Basic and Higher levels in each of the four skill areas, with multi-skill tasks included where appropriate
- valuable practice and revision activities for GCSE and Standard Grade which can be used in the classroom or for homework
- a grammar survey for students, with a straightforward explanation of key points, and practice activities to check understanding
- useful hints on how best to prepare for each aspect of the examination

The **Cassette** offers:

- a full range of scripted and unscripted announcements, interviews and conversations

This transcript, designed to assist checking of the listening activities and self-study, may be issued to students at the teacher's discretion.

Exam practice book	**0 19 912097 8**
Cassette	**0 19 840452 2**

Oxford University Press

ISBN 0-19-912097-8

9 780199 120970

Higher level

77 Your new French penfriend, Martin Vicier, has just sent you a cassette on which he tells you about himself. He has also sent you a photo of his class. From what he tells you, can you work out which one he is? Note the correct letter.

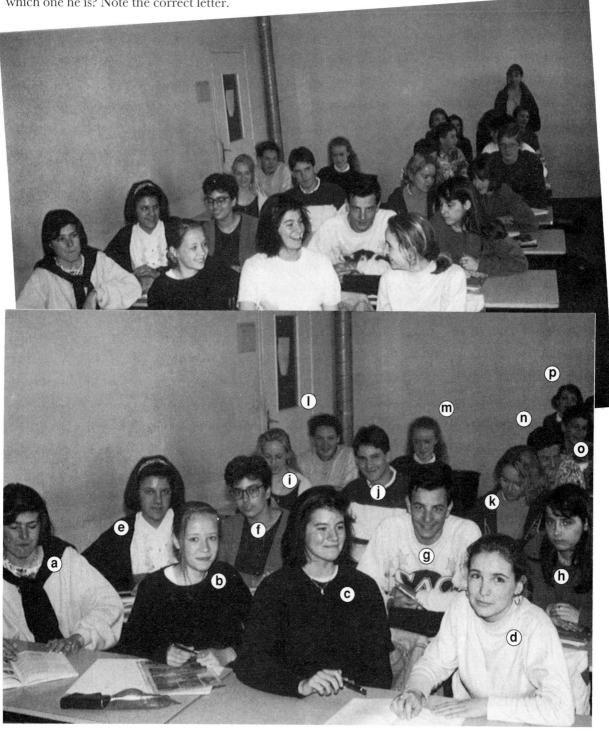

78   Your French friend wants to buy some shoes and you go with her to the shoe shop.

   a What is wrong with the shoes your friend tries on?

   b What does the assistant suggest?

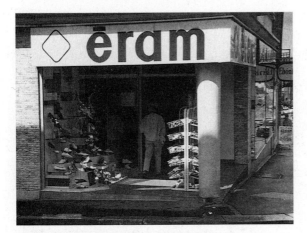

79   A French friend has done a survey at his youth club to see what activities people would like to do during the summer holidays. Look at the following bar graph as you listen to the results of the survey and decide which letter refers to which activity. Write down the names of the activities in English.

   a = ...

   b = ...

   c = ...

   d = ...

   e = ...

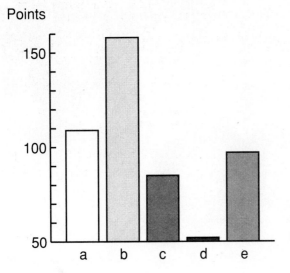

80   As you switch on the radio in France, a discussion is taking place. Write down briefly in English what the discussion is about. Give some of the examples mentioned by the woman.

81   You have rung up a French camp site to book a holiday. Listed below are the details that you have told the warden. Listen to him as he reads them back to you. Check for any mistakes. If he gets everything right, write down OK. If he makes any mistakes, write down what they are in English in your notebook.

Dates
19-30 August
Number of nights
12
Number of people
2 adults, 2 children
(1 aged 16 and the other aged 6)
Vehicle
Car
Camping equipment
Caravan (electric socket required)
Time of arrival
9:00 pm

82 While in France, you are thinking of going out walking in the countryside so you phone up for a weather forecast. Note down what the weather will be like in the morning, afternoon, and evening.

83 You have a cough so you visit the doctor. She gives you a prescription and gives you some instructions about how and when to take the cough mixture and tablets. Note down the details to help you remember.

84 Listen to these five brief conversations and in your notebook, write down in English what each one is about.

c Two girls are coming out of school together.

a A man and woman talking in the street.

d Two boys come out of a block of flats carrying sports bags.

b A boy is talking to a man at a bus stop.

e A girl and a boy come out of the cinema together.

85   A French girl tells you about her plans for the future.

  a Note down the next three stages in her life, saying where she hopes to go and what she hopes to do.

  b When she has finished her education, what does she not really want to do?

86   In a café two French girls that you know are talking about a film that one of them has seen.

  a Did the girl like the film?

  b Summarise briefly in English what the plot of the film was.

87   A French friend is showing you where he and his family went on their holiday and telling you some of the things that happened.

  a Where did they camp?

  b List the things he tells you about the camp site?

  c What did they visit at Les Sables-d'Olonne?

  d Why did they decide to visit Talmont again the following day?

  e What happened on the way back?

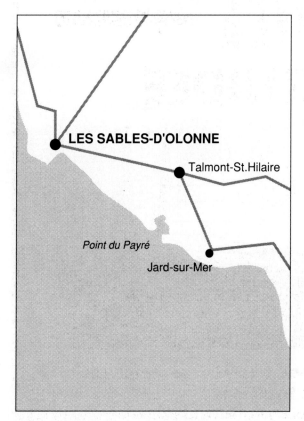

LES SABLES-D'OLONNE

Talmont-St.Hilaire

Point du Payré

Jard-sur-Mer

88   You are walking down a street in France when a car stops and the driver speaks to you.

  a What is his problem?

  b What does he want you to do?

89   A French girl tells you about her part-time job.

  a What does she think about the job?

  b What is her reason for doing the job?

  c What does she say about the customers?

90   A French boy tells you about his interest in cooking.

  a Why do he and his mother do most of the cooking at home?

  b What is the boy's speciality?

  c What is his favourite dessert?

  d What exactly does he invite you to do?

91   Your penfriend's parents are having a discussion about their holiday next summer. They do not agree about what they want to do.

  a What type of holiday would the mother like?

  b What type of holiday would the father like?

  c Give briefly in English the reasons each states to support his/her choice of holiday.

92 While you are listening to the news on the French radio an item about a disaster comes on.

    a What sort of a disaster is it?

    b What have the governments of the European Community promised to do?

93 Your exchange partner is staying at your home. She tells you about the first time she visited your country.

    a Which part of the country did she visit?

    b Give three examples of the way in which she was treated.

    c What did she tell her parents when she got home?

94 A French customs officer stops a young woman. During the course of their conversation, he asks her five questions. Write down in English what his questions are.

95 While staying in the town of Niort you see this poster

You decide to take part in this visit. Listen to the guide as he shows you round some of the interesting places. For each of the four places mentioned record the information in English:

    a when it was built.

    b one other interesting bit of information.

96 A woman goes into a lost property office.

    a Give a full description of the item she has lost.

    b Why was it of sentimental value to her?

    c Where was she when she noticed it was missing?

    d What does the assistant advise her to do?

NIORT
VISITE GUIDEE

Pour la visite de la ville et ses musées, se renseigner à l'office de tourisme.

Speaking

Basic and higher levels

Model conversations

1   Pour aller à la poste ...

A: S'il vous plaît,
madame / mademoiselle / monsieur, pour
aller à la poste?

B: Allez tout droit. Prenez la première à
gauche et la poste sera sur votre droite.

A: C'est loin?

B: Non, c'est à environ quatre cents mètres.

A: Merci beaucoup. Au revoir,
madame / mademoiselle / monsieur.

B: Je vous en prie.

2   Chez le dentiste

B: Bonjour, qu'est-ce qu'il y a?

A: Bonjour,
madame / mademoiselle / monsieur. Je me
suis cassé une dent il y a deux jours et
j'ai très mal.

B: Où est-ce que ça fait mal?

A: Ici. En bas à gauche.

B: Ah, oui, je vois. Comment est-ce que vous
avez cassé cette dent?

A: En mangeant des bonbons.

B: Je dois l'arracher, cette dent!

A: Oh non! C'est vraiment nécessaire? En
principe, je vais au restaurant ce soir avec
mes copains. Ce sera toujours possible?

B: Aller au restaurant ce soir? Je vous conseille
de ne pas y aller. Prenez seulement un peu
de potage – et pas trop chaud, hein!

Rôle play

1   You are in a street in France. You want to
buy some stamps.
    a   Ask how to get to the post office.
    b   Ask if it is far.
    c   Say thank you and goodbye.

2   *Vous êtes dans une boulangerie en France.*
    a   Ask for a loaf of bread.
    b   Ask for three croissants.
    c   Ask how much it will cost.

3   You go in to a French café.
    a   Call for the waiter / waitress.
    b   Order a glass of lemonade and a cheese
sandwich.
    c   Ask for the bill.

4   You arrive at a hotel in France.
    a   Book a room for two people.
    b   Say that you would like a room with toilet
and shower.
    c   Ask what time breakfast is.

5   *Vous êtes à la gare SNCF. Vous voulez aller à Paris.*
    a   Ask if there is a train for Paris this morning.
    b   Ask for a second class return for Paris.
    c   Ask which platform the train leaves from.

6   You have just arrived at your penfriend's
home.
    a   Give a present (a box of chocolates) to her
parents. Explain that it is from your
parent(s).
    b   Tell them that you are tired.
    c   Ask if you can go to the toilet.

7   *Vous visitez une ville française. Vous allez au
syndicat d'initiative.*
    a   Ask for a town plan.
    b   Ask what there is of interest in the region.
    c   The assistant mentions a castle. Ask about
its opening times.

8   You go to the cinema with a friend.
    a   Buy your tickets.
    b   Ask if the film is in the French version or
the original version.
    c   Ask what time the film ends.

9   *Vous voyagez en France en voiture. Vous vous arrêtez
dans une station-service.*
    a   Ask for 100 francs worth of diesel fuel.
    b   Ask how far it is to the motorway for the
south.
    c   Ask if you can check the tyres.

10 On holiday you have met a French boy.

    a He asks you where you live. Answer that question.

    b He wants to know exactly where that is. Tell him.

    c He asks about your family. Tell him about your family.

11 *Vous êtes à la gare routière.*

    a Ask if there is a bus this afternoon for Mulhouse.

    b Ask which platform it leaves from.

    c Ask how long the journey takes.

    d Ask if you can reserve a seat on the bus.

    e Ask for instructions to get to the platform.

12 You've lost your bag while at a French station. You go to the lost property office.

    a Say that you have lost a plastic bag.

    b Say you think you have left it on platform 4.

    c Say that you have also been to the snack bar.

    d Say that the bag was blue, white and orange with the picture of a ferry-boat on it.

    e Say that in the bag were your camera, your passport and 50 francs.

13 A French boy comes to your youth club. Find out the following information from him:

    a Which part of France he comes from.

    b How long he will stay in your country.

    c What he thinks about your country.

    d What he has done so far.

    e If he would like to come to your home tomorrow evening.

14 You are at the cooked meat counter in a supermarket to get something for your lunch.

    a Ask the assistant how much the pâté is.

    b Say that you don't want any.

    c Ask for two slices of ham.

    d Ask for 250g of salami.

    e Let the assistant know that you don't wish to buy anything else.

15 *Vous êtes dans un magasin de souvenirs.*

    a Tell the assistant that you would like this postcard.

    b Ask if he/she has a stamp for your country.

    c Unfortunately he/she doesn't have any stamps, so ask where the nearest post office is.

    d Ask if he/she sells films.

    e Ask for a 135 film for your camera.

16 *Vous êtes dans un magasin de disques.*

    a Say that you would like to buy a cassette by *Desireless*.

    b The assistant asks you what it is called. Say you don't know but that you have seen it in the window.

    c Say that you will take it.

    d The assistant makes a mistake with your change: 2 francs instead of 3. Explain to him/her.

    e When it is sorted out ask for a receipt.

17 *Vous êtes dans un magasin de vêtements.*

    a Say that you would like to buy a tee-shirt.

    b You are offered a choice of four colours: red, green, blue and yellow. Take your pick and tell the assistant which one.

    c You are offered three sizes: large, medium, small. Take your pick and tell the assistant.

    d Ask if you can try on the tee-shirt.

    e It doesn't fit properly. Explain to the assistant.

18 *Vous êtes au restaurant avec trois ami(e)s.*

    a Ask the waitress/waiter for a table for four.

    b Ask if you can have the 70 franc menu.

    c Look at the menu: you choose soup to start with, followed by chicken, chips and peas. You also order a bottle of white wine.

    d Choose a pear for dessert.

    e Ask if the service charge is included.

Menu à 70 francs *Au choix:*		
assiette anglaise	purée de pommes	fromage *ou*
potage aux choux	de terre	gâteau *ou*
pâté maison	frites	fruit *ou*
	pommes vapeur	glace
poulet	petits pois	
bifteck	carottes	
jambon de Paris	épinards	

19 *Vous êtes à la réception d'un hôtel.*

a Ask the receptionist if there is a room free.

b Fortunately there is. Ask for a single room with bathroom and toilet.

c Say that you would like to stay for four nights.

d Say that you would like breakfast and evening meal.

e Ask if there is a lift.

20 *Vous êtes dans une auberge de jeunesse.*

a The warden asks if you are a member. Say that you are. Say that you would like to stay three nights.

b Ask if you can hire sheets.

c Ask if you can prepare your own meals.

d Ask where the showers are.

e Ask the way to the dormitory.

21 *Vous êtes dans un camping.*

a Say that you wrote a letter three months ago to reserve a place.

b Ask if it is necessary to pay immediately.

c The warden wants to check the details. Tell him/her that it's for a week, two adults, two children, one car and one caravan.

d Ask if hot showers are extra.

e Ask if you can have a site with electricity point.

22 You are staying with a French family. The mother talks to you about **a** eating arrangements for this evening; **b** which sort of films you like best; **c** what you think about a famous actor. Respond to her questions.

a Est-ce que tu préférerais manger à la maison ou au restaurant ce soir?

b Plus tard, on pourrait aller au cinéma, si ça t'intéresse. Tu préfères quel genre de film?

c Selon le journal, il y a un film de Sylvester Stallone au Rex. Qu'est-ce que tu penses de Sylvester?

23 **A** Shortly after arriving at a hotel in France you discover that there is no soap or towel in your room and that the sheets are dirty.

a Tell the receptionist what the problems are.

b Say that you are not satisfied with his/her answer.

c Ask if you can see the manager.

23 **B** You work as the receptionist of a hotel in France. A customer comes to complain about something.

a Je suis désolé(e) mais je n'y peux rien en ce moment. Je suis trop occupé(e).

b Alors, revenez dans une heure et je ferai de mon mieux.

c Bien sûr.

24 **A** *Vous êtes au café.*

a You have only a 100 franc note. Ask for change. Ask the waiter/waitress to give you some one franc pieces for the juke box.

b Having counted the change you notice that you are two francs short. Explain to the waiter/waitress.

24 **B** You are working as a waiter/waitress in a café. One customer comes up to you wanting some change for the juke box. You give the customer what they want but there seems to be a problem.

25 **A** You bought a pen from a shop in France. When you got back to your hotel you realised it didn't work. You have taken it back to the shop where you bought it.
- the pen cost 20 francs
- you bought it yesterday morning
- you have lost the receipt.

a Explain the situation to the shopkeeper.

b Say that you would like your money back.

c Listen to what the shopkeeper has to say and make a decision.

25 **B** You are working in a shop that sells stationery and pens. A customer comes into your shop.

a Bonjour. Vous désirez?

b Vous avez le reçu?

c Vous l'avez acheté quand?

d Alors, je suis désolé(e) mais sans reçu je ne peux pas vous rembourser. Mais, exceptionnellement, je pourrais l'échanger.

26 A You are on a cycling holiday. You are heading for Germany and have stopped off at a youth hostel in eastern France. Someone at the hostel, noticing your slight accent, asks you some questions. Answer them using this information to help you:
- tell him / her where you're from
- it has taken you a week to get there from Britain
- you crossed by the ferry from Newhaven to Dieppe
- you had a puncture the day before yesterday
- you are hoping to spend a week in Germany.

26 B You are working at a youth hostel in eastern France. You notice a visitor's slight foreign accent and ask them some questions.
  a Vous n'êtes pas français(e)? Vous êtes de quelle nationalité?
  b Vous avez pris le ferry?
  c Vous avez mis combien de temps pour arriver ici?
  d Vous avez eu des problèmes pendant le voyage?
  e Vous avez l'intention de rester dans cette région?
  f Vous voulez passer combien de temps en Allemagne?

27 A You are travelling from Paris to Marseille. You have reserved a seat (number 203). You arrive at the station at the last minute and jump on to the train. You find seat number 203 and there is a woman sitting in it. She refuses to move. A ticket inspector overhears and intervenes. Explain the problem:
- respond to his / her questions
- be prepared to apologise or accept an apology as appropriate
- note down on paper (in English) any instructions that the ticket inspector gives you.

27 B You are a ticket inspector on a French train. You overhear a conversation between two other passengers. You go over and try to help.

There's a problem about the seat.
  a Vous avez un problème?
  b Quel est le numéro de votre place?
  c Je peux voir votre billet, s'il vous plaît?
  d Voilà le problème! Vous vous êtes trompé(e) de train. Ce train va à Lyon. Le train pour Marseille part du quai numéro six, juste à côté.

28 A You are having a party at your house on Friday evening. There is a French boy visiting your school. Invite him to come to your party. Be prepared to answer his questions including directions on how to get there and what to do after the party.
- the party will start at 8pm
- it will finish at about midnight
- he should bring a bottle of something to drink.

28 B You are a French student visiting a British school. One of the pupils invites you to his/her party on Friday evening.
  a Je veux bien. La soirée commencera à quelle heure?
  b Et pour aller chez toi?
  c La soirée finira à quelle heure?
  d Je peux dormir chez toi?
  e Est-ce que je dois apporter quelque chose?

29 A Returning home by train from holiday in Switzerland you are stopped at the French border by a customs officer. You are not old enough to have a drinks or tobacco allowance but you have bought a bottle of perfume and a watch. You have receipts for both of them. Respond politely to what the customs officer says.

29 B You are a French customs officer, at the border with Switzerland. You stop one of the travellers and ask questions.
  a Bonjour. Faites voir votre passeport, s'il vous plaît.
  b Pourquoi êtes-vous allé(e) en Suisse?
  c Vous allez où?
  d Vous n'avez rien à déclarer?
  e Vous avez des cigarettes ou des boissons alcoolisées?
  f Vous avez acheté des cadeaux?

30 A You are on holiday in France with your youth club: two adult leaders and twelve young people. Two are aged 17, four are aged 16, three are aged 14 and three are aged 13. Don't forget yourself! Since you are the best French speaker you get the job of paying at a museum:
– make certain you get the best price
– find out how much it is for adults
– find out how much it is for children
– find out if there is a special price for groups and how much it is.
Note down on paper (in English) any information that the person at the desk gives you.

30 B You are working in a museum in France. A visitor comes up to the ticket office. Answer his / her questions.
    a L'entrée, c'est 14 francs pour les adultes.
    b C'est 10 francs pour les enfants de 14 ans ou moins.
    c Il y a un tarif réduit pour les groupes de quinze personnes ou plus.
    d Le tarif réduit est de 10 francs par personne.
    e Il y a combien de personnes dans votre groupe?
    f Elles ont quel âge?

31 A You are travelling in France with some friends in a green Ford Fiesta, registration number D615 SKW. It has broken down on a road (Route Nationale 25) about five kilometres to the north of Amiens. You don't know what is wrong with the car except that the engine has stopped. You have telephoned a garage in Amiens to ask for help. Explain the problem and respond to what the person at the garage says. Then, try and find out:
– if the garage can send someone
– how much it will cost
– how long it will take.
Note down (in English) any useful information that the person at the garage gives you.

31 B You are the receptionist in a French garage. You get a phone call from someone who's broken down. You try and find out a bit more.
    a Allô, oui?

    b Ah, vous êtes en panne? Vous êtes où exactement?
    c Et qu'est-ce qui ne va pas avec la voiture?
    d C'est quelle marque de voiture?
    e Elle est de quelle couleur?
    f Quel est votre numéro d'immatriculation?
    Now answer the person's queries.
    g Oui, je peux envoyer quelqu'un.
    h Cela coûtera 100 francs plus, bien sûr, la réparation.
    l On est assez occupé en ce moment mais quelqu'un sera avec vous dans une heure.

32 A You go to a post office in France to make a reversed charge call to your uncle in Britain. His number is 453974 and the dialling code is 0742. Tell the post office clerk what you want and respond to what he / she says.

32 B You are working in a post office in France. A customer comes up to you.
    a Oui? Vous désirez?
    b Vous me donnez le numéro, s'il vous plaît.
    c Vous connaissez l'indicatif?
    d Je suis désolé(e), ça na répond pas. Voulez-vous revenir plus tard?

33 A While on a camping holiday in France you have broken a tooth: bottom, left-hand side of your mouth. It happened two days ago when you were eating sweets. You are now in great pain so you have made an appointment and are now at the dentist's. Explain the situation to him / her and respond to what he / she says. Find out if you will be able to go to the restaurant this evening.

33 B You are a French dentist. A client enters your surgery.
    a Bonjour. Qu'est-ce qu'il y a?
    b Où est-ce que ça fait mal?
    c Ah, oui, je vois. Comment est-ce que vous avez cassé cette dent?
    d Je dois l'arracher, cette dent!
    e Aller au restaurant, ce soir? Je vous conseille de ne pas y aller. Prenez

seulement un peu de potage – et pas trop chaud, hein!

34 A While going for a swim at the beach you and your friend left your valuables locked in the boot of the car. On returning you found that your valuables had been stolen. You are now at the police station to report the incident. The theft took place between 3 and 4 pm. You lost three passports, a wallet with 550 francs in it, a camera and a cassette recorder. The car was parked in the car park near the beach.

34 B You are working in a French police station. Someone comes in to report a theft.
  a Bonjour. Vous désirez?
  b Où est-ce que le vol a eu lieu?
  c À quelle heure?
  d Le coffre était fermé à clé?
  e Vous avez perdu de l'argent?
  f Quoi d'autre?
  g Voulez-vous remplir cette fiche, s'il vous plaît?

Hi!
We're having a great time here in Scotland. The weather is quite good, but it has rained from time to time. The hotel is magnificent! The food is excellent. Yesterday we went fishing and this morning we went windsurfing.
We hope to be back on Saturday afternoon.
Mum.

A. Brown
15 Hill Road
Headington
Oxford

35 A Your French friend is staying with you. The rest of your family have gone away for a few days' holiday. You receive a postcard from them. Answer your French friend's questions.

35 B Imagine you are a French person. You are staying with your British penfriend. He/she has received a postcard from his/her family, who went on a few days' holiday.
  a Où est-ce qu'ils sont allés?
  b Ils sont dans la caravane?
  c C'est comment l'hôtel?
  d Et la nourriture est comment? Est-ce qu'ils mangent bien?
  e Qu'est-ce qu'ils ont fait d'intéressant?
  f Quand est-ce qu'ils comptent revenir?

36 **A** You are having breakfast in a French café with two friends. You order three croissants, one small black coffee and two white coffees. The waiter/waitress brings you the bill. Here it is:

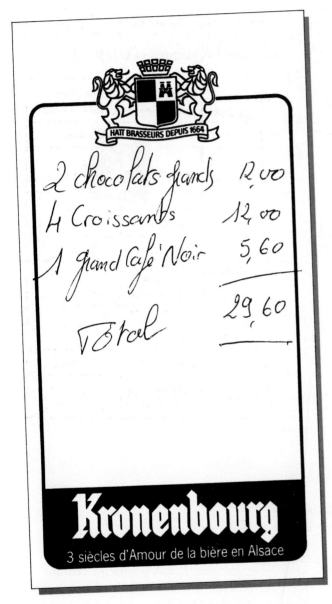

Call him/her over and explain that there has been a mistake. Sort out the details. Find out the real cost of each of the things you have had and the real total. Find out if the service charge is included. Pay the waitress/waiter and ask him/her where the toilets are.

36 **B** You work in a café in France. A customer to whom you've just given the bill calls you over.

    a Qu'est-ce qui ne va pas?
    b Alors, qu'est-ce que vous avez pris?
    c Un petit café noir, c'est 3,00F.
    d Un café au lait, c'est 5,80F.
    e Un croissant, c'est 3,00F.
    f Le nouveau total, c'est 23,60F. Excusez-moi, messieurs-dames.
    g Les toilettes sont au sous-sol.

37 **A** In France, the menus for school canteens are sometimes printed in the local newspaper. Here is an example:

Menu des restaurants scolaires

Lundi: sardine beurre, lapin en rôti, pâtes aux œufs, fruit.

Mardi: salade au gruyère, rôti de veau, salsifis au jus, entremets.

Jeudi: carottes râpées, longe de porc, choux de Bruxelles, yaourt, biscuit.

Vendredi: radis beurre, jambon sauce madère, purée, compote de pommes.

Imagine that a French friend with whom you are staying asks you some questions about the menu for the coming week.

37 **B** Your British penfriend is staying with you and is looking at the school canteen menu for the coming week.

    a Qu'est-ce qu'on mange jeudi?
    b Qu'est-ce qu'on mange en dessert lundi?
    c Est-ce que tu préfères le lapin ou le porc?
    d Quel est ton légume préféré parmi ceux qu'on va manger cette semaine?
    e Est-ce qu'il y a des radis au menu? Tu aimes ça?
    f Est-ce que tu préfères les repas à l'école en France ou chez toi?

38 A Christine Grandmougin shows you her school timetable and for fun 'quizzes' you about it. Answer her questions.

Grandmougin Christine		L'EMPLOI DU TEMPS DE LA CLASSE DE 3ème 2 et 3ème 1.				
horaire	Lundi	Mardi	Mercredi	Jeudi	Vendredi	Samedi
8h à 9h		Mathématiques		Allemand II	Allemand II	Anglais
9h à 10h moins 10mn	Sciences humaines	Sciences humaines		Anglais Renforcé	Français soutien	Français lecture suivie
	Récréation	pendant 10 mn		Récréation	pendant	10 mn
10h à 11h	Anglais	Allemand II		Composition française	permanence	Mathématiques
11h à 12h	Mathématiques	Français orthographe		Musique	Sciences humaines	
		Déjeuner			Déjeuner	
13h30mn à 14h30mn	Français grammaire	Anglais		Sciences Naturelles / Sciences physiques (le trait veut dire une fois sur 2)	Education manuelle et technique	
14h30mn à 15h20mn	Anglais Renforcé	Mathématiques		Sciences physiques	permanence / E.M.T	
	Récréation	pendant 10 mn		Récréation	pendant 10 mn	
15h30mn à 16h30mn	Sport	Sport		Dessin	Sciences Naturelles	

38 B You are Christine Grandmougin. You are 'quizzing' your British penfriend about your school timetable.

    a L'école commence à quelle heure le lundi?

    b Elle commence à quelle heure le vendredi?

    c L'école finit à quelle heure d'habitude?

    d La récréation dure combien de temps?

    e Le déjeuner dure combien de temps?

    f Quelle leçon est-ce que j'ai le samedi à 8h00?

    g Quelle leçon est-ce que j'ai le mardi à 14h30?

    h Quelle leçon est-ce que j'ai le mercredi à 9h00?

    i Mon cours préféré, c'est le sport. Et toi?

39 A For fun, you decide to 'quiz' a French friend about a British school timetable.

	MONDAY	TUESDAY	WEDNESDAY	THURSDAY	FRIDAY
9,30 – 10,25	Geography	PSE	Geography	History	French
10,25 – 11,25	Maths	English	English	French	Science
11,25 – 11,40	Break	Break	Break	Break	Break
11,40 – 12,35	Science	Home Economics	PE	English	PE
12,35 – 1,35	Lunch	Lunch	Lunch	Lunch	Lunch
1,40 – 2,35	CDT	Maths	French	Maths	History
2,35 – 2,50	Break	Break	Break	Break	Break
2,50 – 3,45	English	Science	Art	Music	Maths

See if he/she can give you the following information:

    a What the time of the first lesson is.
    b When the breaks are.
    c How long the breaks last.
    d What there is at 12.35 each day.
    e What there is at 11.40 on a Friday.
    f What there is at 10.25 on a Thursday.
    g What time school finishes.
    h What her favourite subject is.

39 B You are a French student being asked questions about this British school timetable. Answer your friend's questions.

40 A You are staying with a French friend's family. They are wanting to move house and are searching through the local newspapers. Have a look at these house adverts and help them choose.

Particulier vends à La Chapelle-Saint-Ursin, Maison 3 pièces, sur sous-sol, garage, cour, jardin, grenier, libre le 1ᵉʳ juin. Tél. 48.26.42.54. ᵇ 5138062

Vends, 17 km N.-E. Bourges, grande maison tout confort, isolation complète, chauffage central à régulation, 250 m2 habitables, onze pièces, garage, cave, dépendance, terrain clos arboré, 1 100 m2. Tél. 48.30.45.45. ᵇ 5415479

A vendre Saint-Amand, villa, 500 m2 jardin boisé, tout confort, lycées proches, prix à débattre. Tél. 48.60.88.92, heures des repas. ᵇ 5226456

VILLAS-PAVILLONS

Cause mutation, particulier vends à Vierzon, pavillon F5, libre, véranda, garage, proximité cité scolaire. Tél. 48.71.63.57, le soir. ᵇ 5189915

Particulier vend près Vierzon maison rurale, cinq pièces, confort, très bon état, garage, jardin, habitable de suite. Tél. 48.51.53.16. ᵇ 5226639

40 B Your British penfriend is staying with you and helping you look through newspaper ads for a new house.

    a Ce qu'il nous faut c'est une grande maison assez près de Bourges. Qu'est-ce qu'il y a dans ton journal?
    b Elle est à quelle distance de Bourges?
    c Elle a combien de pièces?
    d Comment est-elle chauffée?
    e Il y a un numéro de téléphone?

41 A You are staying with a French friend. He is at school though you are on holiday. At the end of the day you are waiting for him in the main entrance of his school. While you are waiting several visitors to the school arrive and ask you for directions. Don't be shy! Tell them how to get to the places they are looking for.

41 B You play the roles of several visitors in a French school and ask for directions.

    a Pardon, je cherche le bureau de Monsieur le Principal, s'il vous plaît.

    b Où est la cantine, s'il vous plaît?

    c Pour aller à la bibliothèque, s'il vous plaît?

    d La salle de sciences humaines, vous savez où c'est?

    e Pourriez-vous me diriger vers la salle des professeurs, s'il vous plaît?

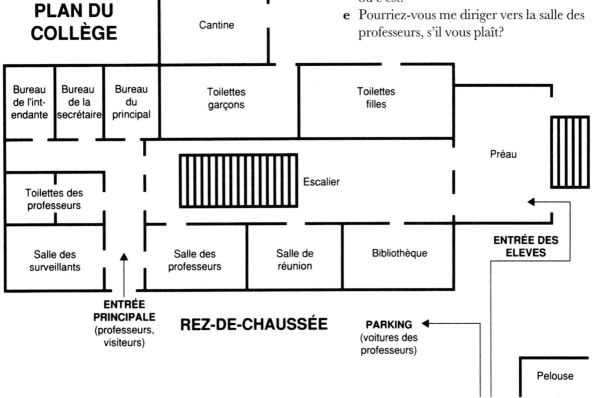

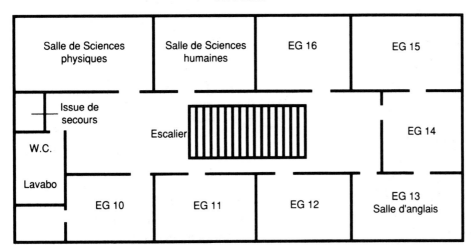

42 A You and your French friend try to make a choice between these three restaurants. Bear in mind that:
− you haven't, of course, booked
− it is Monday.
  a Answer your friend's questions.
  b Be careful! Is L'Ovale open today? Tell your friend.
  c Do you need to make a reservation? Tell your friend.
  d Make an alternative suggestion.

42 B Imagine you are a French person discussing where to eat with your British friend. You begin the conversation.
  a Est-ce que tu aimes les crêpes, toi?
  b Moi, je déteste ça. Essayons 'L'Ovale'.
  c Ah, oui, d'accord, c'est fermé le lundi 'Le Relais' alors?
  d Ah, c'est ça – la réservation est conseillée. Qu'est-ce qu'on fait alors?

CAFÉ • HÔTEL • RESTAURANT • P.M.U.

vous propose
ses menus 41 F et 64 F et sa carte

Fruits de Mer

Le Relais

38, rue d'Aligre
17230 MARANS · Tél. 46.01.10.12

Réservation conseillée : la veille avant 12 h

R.C. 70 A 45

SNACK • BAR • GLACIER

vous propose
ses menus 37 F et 45 F

Fast-Food et carte

R.C. 85 A 266

L'Ovale

30, rue d'Aligre
17230 MARANS · Tél. 46.01.10.24

Ouvert du Mardi au Dimanche

CRÊPERIE • GLACIER • GRILL

vous propose
**son plat du jour
ses galettes garnies
ses crêpes dessert
fourrées
ses grillades**

R.C.S. A 332 364 298

Le Bilig

83, quai Joffre
17230 MARANS · Tél. 46.01.06.89

Ouvert à partir de 12 h et 19 h

Repas collectif jusqu'à 25 personnes sur réservation

43 A Today is 3 July. You have just spent the day at *Zoorama*. Your penfriend's best friend would like to visit it and asks you about it.

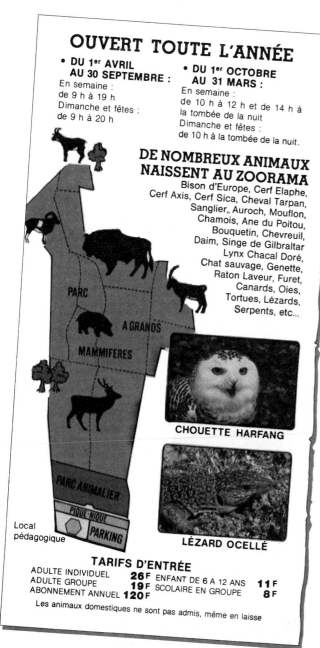

OUVERT TOUTE L'ANNÉE

- **DU 1er AVRIL AU 30 SEPTEMBRE :**
  En semaine :
  de 9 h à 19 h
  Dimanche et fêtes :
  de 9 h à 20 h

- **DU 1er OCTOBRE AU 31 MARS :**
  En semaine :
  de 10 h à 12 h et de 14 h à la tombée de la nuit
  Dimanche et fêtes :
  de 10 h à la tombée de la nuit.

DE NOMBREUX ANIMAUX NAISSENT AU ZOORAMA

Bison d'Europe, Cerf Elaphe, Cerf Axis, Cerf Sica, Cheval Tarpan, Sanglier, Auroch, Mouflon, Chamois, Ane du Poitou, Bouquetin, Chevreuil, Daim, Singe de Gilbraltar Lynx Chacal Doré, Chat sauvage, Genette, Raton Laveur, Furet, Canards, Oies, Tortues, Lézards, Serpents, etc...

CHOUETTE HARFANG

LÉZARD OCELLÉ

PARC A GRANDS MAMMIFERES

PARC ANIMALIER

PIQUE-NIQUE PARKING

Local pédagogique

TARIFS D'ENTRÉE

ADULTE INDIVIDUEL	**26**F	ENFANT DE 6 A 12 ANS	**11**F
ADULTE GROUPE	**19**F	SCOLAIRE EN GROUPE	**8**F
ABONNEMENT ANNUEL	**120**F		

Les animaux domestiques ne sont pas admis, même en laisse

Présentation : Environ 600 animaux sur 25 hectares · Vastes enclos · fosses de vision · terriers artificiels · vivarium etc...
Intérêt éducatif : Local pédagogique · fiches et panneaux résumant la biologie de chaque espèce · questionnaire-jeu, etc...
Aménagements annexes (gratuits) · vaste parking · aire de pique-nique.
Participation
- de l'Education Nationale
- du Parc Naturel Régional
- du Centre de Documentation Pédagogique des Deux-Sèvres

43 B Your best friend's British penfriend has just spent a day visiting a Zoo, called *Zoorama*. You'd like to go; ask questions about it.

a J'aimerais bien visiter le *Zoorama* ce week-end. Il ouvre à quelle heure le dimanche?

b Et il ferme à quelle heure?

c Ça coûte combien pour les adultes et pour les enfants?

d Est-ce qu'on peut stationner facilement?

e On peut manger là-bas?

f Il y a combien d'animaux au *Zoorama*?

g Tu as vu quelles espèces d'animaux?

44   Imagine that you are one of the persons in the series of pictures shown below. Later on, you tell the story to a French friend.

45   A French friend asks you what you are intending to do this coming weekend: «Qu'est-ce que tu as l'intention de faire ce weekend?» Use the picture sequence below to help you describe your busy weekend.

General conversation

Model conversation
Accommodation

B: Est-ce que tu es déjà allé(e) dans un hôtel?

A: Oui, plusieurs fois.

B: La dernrière fois, c'était quand et où?

A: La dernière fois, c'était il y a presque deux ans, pendant les vacances d'été. Je suis allé(e) à Brighton avec ma famille.

B: En vacances, est-ce que tu préfères aller dans un hôtel, dans un camping ou dans une auberge de jeunesse?

A: Personellement, je préfère faire du camping parce qu'on se sent plus libre. On peut se lever quand on veut et les heures des repas ne sont pas fixes.

B: Explique-moi les avantages et les inconvénients d'aller dans une auberge de jeunesse.

A: Moi, je n'en sais rien, vraiment, puisque je n'y suis jamais allé(e), ... mais à l'auberge de jeunesse, ça doit être assez bon marché, par rapport à l'hôtel, je veux dire. Il y aura, sans doute, plus de gens de mon âge. Mais par contre, on ne peut pas sortir tard le soir et il y a souvent de petites tâches à faire: la vaisselle, nettoyer les dortoirs et ainsi de suite.

B: Où est le camping le plus proche de chez toi?

A: Il n'y en a pas beaucoup puisque j'habite en ville. Mais il y en a un à une vingtaine de kilomètres de chez moi.

Shopping

1 Quels magasins y a-t-il près de chez vous (toi)?
2 Quel est votre (ton) magasin préféré?
3 Vous préférez (tu préfères) les grands ou les petits magasins?
4 Vous aimez mieux (tu aimes mieux) faire du shopping avec vos (tes) parents ou avec vos (tes) amis?
5 Que pensez-vous (penses-tu) des hypermarchés?

6 Les magasins ouvrent et ferment à quelle heure généralement près de chez vous (toi)?
7 Quels sont les jours de fermeture hebdomadaire?
8 Qu'est-ce que vous avez (tu as) acheté pour les membres de votre (ta) famille à Noël?
9 Est-ce que vous payez (tu paies) vos (tes) vêtements vous-même (toi-même)?
10 Qu'est-ce qui est à la mode en ce moment?
11 Quelles sont les couleurs à la mode actuellement?
12 En ce qui concerne les vêtements, qu'est-ce que vous achèteriez (tu achèterais) si vous aviez (tu avais) assez d'argent?

Food and drink

1 Qu'est-ce que vous aimez (tu aimes) manger?
2 Quelle est votre (ta) boisson préférée?
3 Que pensez-vous (penses-tu) des repas à l'école?
4 A quelle heure est-ce que vous déjeunez (tu déjeunes)?
5 Décrivez (décris) un déjeuner typique.
6 Préférez-vous (préfères-tu) manger à la maison ou au restaurant? Pourquoi?
7 Moi, j'aime la cuisine chinoise, et vous (toi)?
8 Vous avez (tu as) déjà mangé dans un restaurant à l'étranger? Où? Qu'est-ce que vous avez (tu as) mangé?
9 Qui fait la cuisine chez vous (toi)?
10 Et vous (toi), vous faites (tu fais) la cuisine de temps en temps? Décrivez (décris) un repas que vous avez (tu as) préparé.

Accommodation

1 Est-ce que vous êtes (tu es) déjà allé(e) à l'hôtel? Quand? Où? Pourquoi?
2 En vacances, est-ce que vous préférez (tu préfères) aller dans un hôtel, dans un camping ou dans une auberge de jeunesse?
3 Expliquez-moi (explique-moi) les avantages et les inconvénients d'aller dans une auberge de jeunesse.
4 Où est le camping le plus proche de chez vous (toi)?

Transport

1 Comment allez-vous (vas-tu) à l'école?
2 Cela vous (te) prend combien des temps?
3 Vous quittez (tu quittes) la maison à quelle heure pour aller à l'école?
4 Vous arrivez (tu arrives) à l'école à quelle heure?
5 Vos (tes) parents ont une voiture? Quelle marque? Décrivez-la (décris-la).
6 Vous avez (tu as) déjà voyagé en avion? Pour aller où? Vous êtes (tu es) parti(e) de quel aéroport?
7 Est-ce que vous préférez (tu préfères) le bus ou le taxi? Pourquoi?
8 Selon vous (toi), quel est le moyen de transport le plus confortable?
9 Quel est le moyen de transport le moins cher?
10 Vous avez (tu as) un vélo? Vous faites (tu fais) souvent des promenades à vélo? Où allez-vous (vas-tu)?
11 Avez-vous (as-tu) déjà pris le bus en France? Avez-vous (as-tu) remarqué des differences entre les bus en France et les bus chez toi?
12 Qu'est-ce que vous pensez (tu penses) des voyages en bateau?
13 Vous préférez (tu préfères) prendre quel moyen de transport pour aller en vacances? Pourquoi?

Meeting French speakers at home and abroad

1 Vous apprenez (tu apprends) le français depuis quand?
2 Vous parlez (tu parles) d'autres langues?
3 Vous avez (tu as) un(e) correspondant(e) français(e)? Parlez-m'en. (Parle-m'en.)
4 Vous êtes (tu es) déjà allé(e) en France? Quand? Où? Pourquoi? Avec qui? Votre (ton) séjour a duré combien de temps?
5 Quelles différences avez-vous (as-tu) remarqué entre la vie en France et chez vous (toi)?
6 Qu'est-ce que vous pensez (tu penses) des échanges linguistiques?

Services, tourist information

1 Vous avez (tu as) le téléphone chez vous (toi)? Quel est votre (ton) numéro?
2 Vous avez (tu as) utilisé le téléphone en France? Quelles différences avez-vous (as-tu) remarquées entre le système français et le système chez vous (toi)?
3 Il y a combien de bureaux de poste dans votre (ta) ville?
4 Le facteur passe à quelle heure normalement?
5 Y a-t-il des banques près de chez vous (toi)?
6 Vous avez (tu as) un compte bancaire? Quels en sont les avantages? Vous économisez (tu économises) combien par semaine?
7 Parlez-moi (parle-moi) de votre (ta) région.
8 Qu'est-ce qu'il y a d'intéressant à voir dans votre (ta) région?
9 Votre (ta) ville a combien d'habitants?
10 Qu'est-ce que vous pensez (tu penses) de votre (ta) ville?
11 Qu'est-ce qu'il y a comme distractions?

Leisure time

1 Quels sont vos (tes) passe-temps?
2 Qu'est-ce que vous faites (tu fais) quand vous êtes (tu es) libre?
3 Qu'est-ce que vous faites (tu fais) le soir?
4 Vous collectionnez (tu collectionnes) quelque chose?
5 Quels sports est-ce que vous pratiquez (tu pratiques)? Vous aimez (tu aimes) regarder le sport?
6 Vous êtes (tu es) membre d'un club? Lequel?
7 Quand vous sortez (tu sors) le soir où aimez-vous (aimes-tu) aller?
8 Préférez-vous (préfères-tu) aller au cinéma ou regarder des films sur cassette vidéo à la maison?
9 Parlez-moi (parle-moi) d'un film que vous avez (tu as) vu récemment. Qui en était la vedette? C'était quel genre de film? Qu'est-ce qui s'est passé?
10 Vous regardez (tu regardes) combien d'heures de télé le soir?
11 Quelles sont vos (tes) émissions préférées?

12 Racontez-moi (raconte-moi) ce que vous avez (tu as) fait le week-end dernier.

13 Vous vous intéressez (tu t'intéresses) à la musique? Quel genre de musique est-ce que vous préférez (tu préfères)?

14 Vous savez (tu sais) chanter ou jouer d'un instrument de musique? Où est-ce que vous avez (tu as) appris à en jouer?

15 Qu'est-ce que vous aimez (tu aimes) lire?

Home and family

1 Combien de personnes y a-t-il dans votre (ta) famille?

2 Que font les membres de votre (ta) famille?

3 Vous avez (tu as) des animaux? Lesquels? Décrivez-les. (Décris-les.) Qui leur donne à manger?

4 Pouvez-vous (peux-tu) décrire votre (ta) maison? Où se trouve-t-elle?

5 Comment est votre (ta) chambre? Décrivez-la (décris-la).

6 Que faites-vous (fais-tu) pour aider à la maison?

7 A quelle heure vous levez-vous (te lèves-tu) d'habitude le matin?

8 On prend le repas du soir à quelle heure chez vous (toi)?

9 Vous vous entendez (tu t'entends) bien avec les voisins?

Holidays, festivals etc.

1 Quelle est la date de votre (ton) anniversaire?

2 Qu'est-ce que vous avez (tu as) reçu comme cadeau la dernière fois?

3 Savez-vous (sais-tu) ce qu'on fait en France le premier avril?

4 Vous connaissez (tu connais) d'autres fêtes françaises? Lesquelles?

5 Où est-ce que vous passez (tu passes) vos (tes) vacances, en général?

6 Vous partez (tu pars) pour combien de temps?

7 Parlez-moi (parle-moi) de vos (tes) vacances de l'année dernière.

8 Comment avez-vous (as-tu) voyagé?

9 Où comptez-vous (comptes-tu) aller l'été prochain?

10 Qu'est-ce que vous faites (tu fais) en vacances?

11 Avec qui est-ce que vous préférez (tu préférez) partir en vacances?

Work and career

1 Vous avez (tu as) un petit emploi / un job?

2 Vous travaillez (tu travailles) combien d'heures par semaine?

3 Vous gagnez (tu gagnes) combien d'argent par semaine?

4 Que faites-vous (fais-tu) de l'argent que vous gagnez (tu gagnes)?

5 Que pensez-vous (penses-tu) faire après les examens?

6 Qu'est-ce que vous voulez (tu veux) faire plus tard?

7 Si vous étiez (tu étais) très riche, que feriez-vous (ferais-tu)?

8 Est-ce que vous aimeriez (tu aimerais) travailler à l'étranger?

Geographical surroundings and weather

1 Comment est le climat dans le sud de la France?

2 Quel temps a-t-il fait pendant vos (tes) dernières vacances?

3 Votre (ta) ville est à quelle distance de la mer?

4 Quelles sortes de maisons ou d'appartements y a-t-il près de chez vous (toi)?

5 Y a-t-il un stade dans votre (ta) ville? Comment est-il?

6 Il y a des jardins publics près de chez vous (toi)?

7 A votre (ton) avis, qu'est-ce qui manque dans votre (ta) ville?

8 Est-ce que vous préférez (tu préfères) la ville, la campagne ou la montagne?

9 Quelles industries y a-t-il près de chez vous (toi)?

Education

1 Votre (ton) collège, comment s'appelle-t-il?

2 Comment est-il?

3 Qu'est-ce qu'il y a comme bâtiments dans votre (ton) collège?

4 La journée scolaire commence et finit à quelle heure?

5 Les cours durent combien de temps?

6 Quel est le nom de la directrice (du directeur)? Pouvez-vous (peux-tu) la (le) décrire?

7 Vous avez (tu as) combien d'heures de devoirs par semaine? Quelles sont les punitions pour ceux qui ne font pas leurs devoirs?

8 Quelles matières est-ce que vous étudiez (tu étudies)?

9 Quelle matière est-ce que vous préférez (tu préfères)?

10 Est-ce qu'il y a des matières que vous n'aimez pas (tu n'aimes pas)?

11 Vous faites (tu fais) d'autres activités au collège?

12 Vous avez (tu as) déjà fait des visites avec l'école?

13 Quels examens allez-vous (vas-tu) passer?

14 Qu'est-ce que vous espérez faire après les examens?

People

1 Quel est votre (ton) nom? Ça s'écrit comment?

2 Votre (ton / ta) meilleur(e) ami(e), comment s'appelle-t-il(elle)?

3 Comment est-il(elle)?

4 Décrivez (décris) les membres de votre (ta) famille.

Money

1 Est-ce que vous recevez (tu reçois) de l'argent de poche? Combien?

2 A quoi est-ce que vous dépensez (tu dépenses) votre (ton) argent de poche?

3 Est-ce que vous économisez (tu économises) de l'argent? Combien par semaine?

4 Si vous gagniez (tu gagnais) une grosse somme d'argent, que feriez-vous (ferais-tu)?

Reading

Basic level

1 While travelling by car through France, you stop at a picnic site. You need to go to the toilet. Which door do **you** go through?

a

b

2 On arriving at a French youth hostel you are asked to fill in a form. Fill in your details in English.

NOM: ....

PRENOM: ....

AGE: ....

DATE DE NAISSANCE: ....

NATIONALITE: ....

ADRESSE: (numéro) ....

            (rue) ....

            (ville) ....

            (pays) ....

3

OPÉRATION "CRAC"
sur le prix de montures
de lunettes
A partir de 130 F
Montage · Ajustage compris
Garantie risque casse gratuite
◯◯◯ monfort · AIZENAY

a What would you find on sale here?

b What is the least amount of money you have to pay?

c What are you told about the guarantee against the risk of breaking the article?

4 **a** Why should you rush if you want to buy anything from this shop?

b What is the cheapest price for a dress?

c What is the cheapest price for a raincoat?

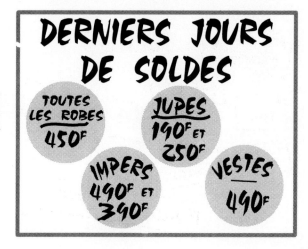

DERNIERS JOURS DE SOLDES

TOUTES LES ROBES 450F

JUPES 190F ET 250F

IMPERS 490F ET 390F

VESTES 490F

5 What is advertised on this supermarket poster?

6 You are visiting your French friend who lives at the top of a block of flats. You don't feel like walking. Which sign do you follow?

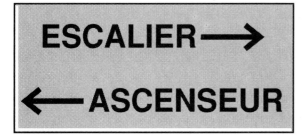

7 Your French friend's young sister has made some signs to go on the doors of the rooms in their flat. She asks you if you can match them with the letters.

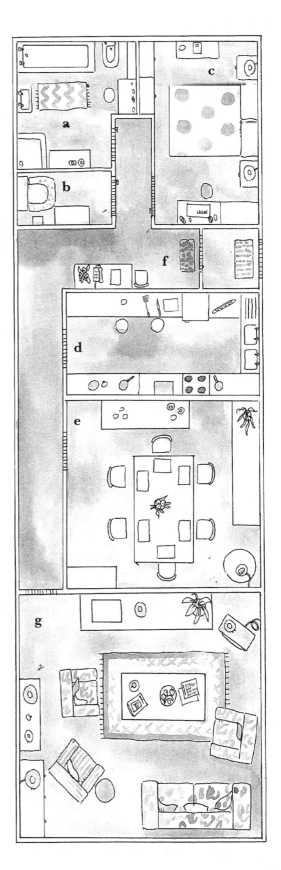

8   How much would it cost you for a ham sandwich with butter at this stall?

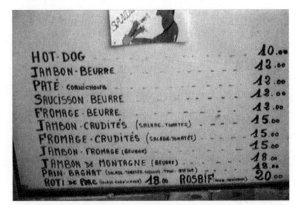

9   In a French department store you want to buy a T-shirt. Which floor do you go to?

2ème étage	– Meubles/ Electroménager
1er étage	– Vêtements
Rez-de-chaussée	– Alimentation
Sous-sol	– Jardinage

10   While you are staying with your friend in France, another young person leaves you a written messsage.

Il y aura une boum chez moi vendredi soir. Peux-tu venir? Téléphone-moi ce soir pour me dire oui ou non.

Patrice

a   What does he want you to do?
b   When will it be?
c   How are you to let him know?
d   When should you let him know?

11   You were expecting a letter from home yesterday and it didn't arrive. This article in the local newspaper tells you why. Why didn't you get your letter?

Belle-Ile : facteurs en grève. — Neuf des dix facteurs de Belle-Ile en mer (Morbihan) ont fait grève hier pour réclamer un pont aérien pour l'acheminement du courrier.

12   You go to the local *bureau de tabac* to buy some stamps. The door is locked and this sign is in the window:

Fermé à cause de maladie

a   Why is the shop closed?
b   Which day is this shop closed all day?
c   What are you told about opening times on a Saturday?

OUVERT
9h.12h30
15h.19h30
SAMEDI
SANS INTERRUPTION
9h.19h30
FERME
LE DIMANCHE

13 You see this in the newspaper.

> **SPORTS ET LOISIRS**
>
> GOLF : 9 trous et practice, tél. 51 58 82 73.
> TENNIO .
> – La Parée-Jésus, tél. 51 58 01 54.
> – Le parc des sports, tél. 51 58 23 86.
> – Stade municipal ; tél. 51 58 02 10.
> PISCINE MUNICIPALE, place de l'Europe, tél. 51 58 05 06 : samedi, de 10 h à 13 h et de 15 h à 19 h 30 ; dimanche, de 15 h à 19 h 30.
> BIBLIOTHÈQUE MUNICIPALE, boulevard Leclerc : samedi de 9 h 30 à 12 h 30 et de 14 h 30 à 18 h 30.
> ATELIER DE LA DUNETTE, chemin des Bosses-Orouet, tél. 51 58 88 77 : initiation à la poterie et à la céramique, enfants et adultes.
> TENNIS DE TABLE : salle omnisports, route de Both, tous les jours de 10 h 30 à 12 h 30 et de 16 h 30 à 23 h.
> PÊCHE EN MER : renseignements à l'office de tourisme.
> PEPITA PARK : de 11 h à 24 h.
> CLUB ART ET VACANCES : stages pour adultes, scuplture, peinture sur soie, dessin, aquarelle, de 9 h 30 à 12 h 30, au palais des congrès.

a You are interested in swimming and drawing. Make a note in your notebook of the two things that would be useful to you.

b Your friend wants to return a book to the library and asks you what time it closes in the evening. What times does it close in the evening?

14 *Hibou* is a French magazine for children.

a How often does it come out?

b How old are the children who would read it?

15 This article about the cinema appears in a newspaper.

a You want to go to the cinema on Saturday evening. At what time does the film start?

b How many showings are there on Sunday?

> ### Reprise au cinéma Jeanne-d'Arc
>
> La saison cinématographique recommence pour le cinéma Jeanne-d'Arc d'Aizenay, avec au programme pour les 3 et 4 septembre, « L'empire du soleil ».
>
> Sont programmés également pour le mois de septembre : « Les chouans », « Grand bleu », « L'insoutenable légèreté de l'être », etc.
>
> Toutes les séances ont lieu le samedi, 21 h, et le dimanche, 14 h 30 et 17 h.

16 According to this cutting from a local newspaper, a poodle has been found.

a What colour was it?

b What was the dog wearing?

c Where should the owner go to ask about it?

> **TROUVÉ.** — A La Barre-de-Monts, un caniche mâle beige avec un collier rouge. S'adresser à la mairie, tél. 51 68 52 32.

17 What are the three fruits that are offered here?

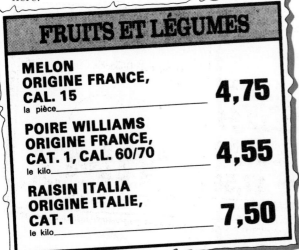

FRUITS ET LÉGUMES

MELON
ORIGINE FRANCE,
CAL. 15
la pièce _____ **4,75**

POIRE WILLIAMS
ORIGINE FRANCE,
CAT. 1, CAL. 60/70
le kilo _____ **4,55**

RAISIN ITALIA
ORIGINE ITALIE,
CAT. 1
le kilo _____ **7,50**

18 This advert catches your eye. Which languages are specifically mentioned? Tick them off on the list.

CENTRE D'ÉTUDE DES LANGUES

● ANGLAIS
● ALLEMAND
● ESPAGNOL
● ITALIEN
● PORTUGAIS
● AUTRES LANGUES

Préparation au certificat européen

RENSEIGNEMENTS ET INSCRIPTIONS :

IFPIC
10, place du Temple
79000 NIORT
☎ 49.24.40.42

LIEUX DES STAGES
NIORT - PARTHENAY - BRESSUIRE

Spanish ☐	English ☐	German ☐
Dutch ☐	French ☐	Greek ☐
Russian ☐	Portuguese ☐	Italian ☐
Chinese ☐	Danish ☐	Swedish ☐

19 You see this publicity for a *Moto-Cross* meeting. Why are Georges Jobe and Hakan Carlqvist famous?

CHAUCHÉ - Vendée
MOTO-CROSS
SIDE-CAR
INTERNATIONAL

Dimanche 4 septembre, de 8 h à 18 h

2 CHAMPIONS DU MONDE
Georges JOBE et Hakan CARLQVIST

20 You decide to look inside a clothes shop. This is printed on the door:

POUSSEZ

What should you do?

21 The shop at a French campsite has this sign

Plats cuisinés
◆
à emporter

What does it mean?

22 According to this newspaper cutting, what has been found in town?
Where should you go to get them back?

TROUVÉ. — Des billets de banque ont été trouvés dans la commune. Les réclamer au secrétariat de mairie.

23 You are going on a picnic. Write down what it would cost you at *Timy* supermarket for the following things.

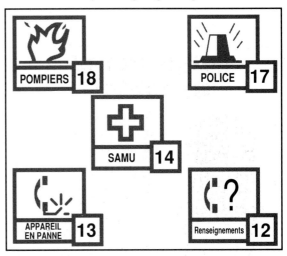

Poires William France cat. 1, cal. + 65, le kg	**3,95**
Beurre pasteurisé Dix-Dix doux ou 1/2 sel (le kg 25,90) plaquette de 500 g	**12,95**
Dessert gélifié Dix-Dix (le kg 8,63) lot de 12 x 125 g	**12,95**
Jambon D.D. choix le kilogramme	**29,90**
Filet de merlu Agrali la boîte de 1 kg	**17,50**
Bordeaux rouge Haut-Lescouray (le litre 10,87) bouteille de 75 cl	**8,15**
Couches nuit Galipette le paquet de 35	**18,55**

TIMY SUPERMARCHE

Offres valables dans les magasins affichant l'opération

25 If you had just witnessed an accident which number would you ring to get help?

POMPIERS **18**	POLICE **17**
SAMU **14**	
APPAREIL EN PANNE **13**	Renseignements **12**

26 This newspaper cutting tells you something has been lost.

PERDU
RÉCOMPENSE, à personne qui pourrait donner renseignements sur **CHIEN RACE BEAGLE** (noir, blanc, marron-roux). Porte collier au nom REMAY-THORE (41100). Disparu le 18 août, en matinée
Tél. Agence : **51 68 50 58**
Mairie : **51 68 52 31**

a What has been lost?
b What colour(s) was it?
c When did it disappear?

24 What do people going to this congress collect?

■ **TIMBRES.** — Le Congrès national philatélique se tiendra les 22 et 23 octobre à Angers. A cette occasion, la Poste a fait éditer une flamme spéciale représentant les écussons des trois régions-sœurs : le Maine l'Anjou et la Touraine.

27 You want to have your shoes repaired. Which one of these shops do you look for?

a laverie automatique

b cordonnerie

c papeterie

d droguerie

28 A chemist gives you some tablets for a headache. This is written on the label.

> Prenez deux cachets jusqu'à un maximum de trois fois par jour. Enfants de moins de 12 ans: un cachet jusqu'à un maximum de trois fois par jour.

Make a note in English in your notebook to remind you how many tablets **you** can take in one day.

29 On a campsite you are wanting to do the washing up. Which sign would you follow?

    a bacs à vaisselle
    b bloc sanitaire
    c poubelles
    d alimentation

30 In the washing up place you see a sign near to a tap.

What does the sign tell you?

31   Some campsites have a 'games room'. Does this one?

CAMPING
MUNICIPAL
✳ Alimentation ✳
✳ Plats cuisinés ✳
✳ Piscine chauffée ✳
✳ Salle de télévision ✳
✳ Salle de jeux ✳
✳ Dépôt de butane ✳

32   You are in a car which is being parked alongside a large door which has the following sign:

What do you tell the driver?

33   You are travelling by car on your holidays. You arrive at a large town that you want to go straight through. Which sign do you follow?

34   While trying to get into a *métro* station you come to a door with a sign

Do you go through it?

35   You are about to travel on the railway line between Rouen and St Valéry-en-Caux. Only the slow train which stops at every station will stop at the place where you want to get off. What time will your train leave?

En Direction de:	Train	Départ
St Valéry-en-Caux	Omnibus	11h45
St Valéry-en-Caux	Express	13h01
St Valéry-en-Caux	Rapide	15h20

36   When leaving the ferry in Calais by car, you see this sign

What does it remind you to do?

37 The car you are in calls at a petrol station. The driver does not understand French. She says that the car uses four-star leaded petrol.

a Which pump do you tell her to use?

b She asks what *sans plomb* means. Explain.

38 Look at the weather forecast in this newspaper:

Temps nuageux et assez froid.

Passages pluvieux en fin de journée.

a What will the weather be like?

b What about in the evening?

39 In a letter that your penfriend sends you in December he writes:

Joyeux Noël et Bonne Année

What does he mean?

40 You want to choose a birthday card for your French friend.
Which card do you choose?

41 Read this newspaper article.

Complete the following:
A woman of .... years of age gave birth to .... babies.
Each one weighed .... There were .... boy(s) and
.... girl(s).

42 Your French friend has sent you a photo of her family. She had labelled it to show you who each person is but the labels have fallen off! Match each label with the *most likely* numbered space.

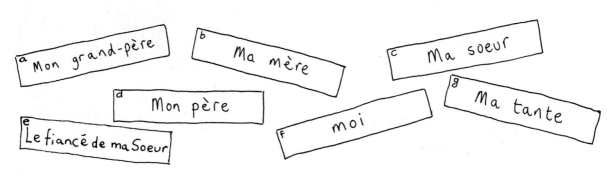

43 You want to go to the shopping centre. Which sign do you follow?

44 You see this in a French newspaper.

> **BIBLIOTHÈQUE.** — Avec la rentrée scolaire, la bibliothèque sera ouverte le mercredi à partir du 7 septembre, aux horaires suivants : mercredi et jeudi, de 10 h 30 à 12 h 15 ; dimanche, de 10 h 30 à 12 h 30.

a Which building is the information about?

b On what date will it open again?

c On which three days of the week will it be open?

d On one day it opens *slightly* longer. Which day?

45 Here is an advert for a concert.

> **MUSIQUE SUD-AMÉRICAINE.** — La municipalité et l'association Tradis organise ce soir, à 21 h place de la Gare, à Fromentine, un concert de musique traditionnelle sud-américaine.

a Which part of the world will the music be from?

b When *and* at what time will the concert take place?

c Where exactly in Fromentine will it take place?

46 What sort of sporting event is advertised here?

47 Your French friend lost his jacket on 26 August in Varrains. You are looking through the lost and found section of the local newspaper.

TROUVE. — Un blouson, le 26 août, rue du Ruau à Varrains. A retirer chez Mme Millon au 11, rue de la Mairie à Varrains.

Is it worth your friend going to the address shown to see if Mme Millon has found the missing jacket?

YES ☐   NO ☐

48 A friend of yours is wanting to go to *Françoise's* hairdressers. You notice this bit in the newspaper.

Chémery

Le salon de coiffure FRANÇOISE
sera fermé
du 6 au 14 sept. inclus

What do you tell her? Be exact.

49 You are looking at the sports section of a newspaper.
  a Give the name of the French boxer mentioned.
  b How did the French tennis player get on?
  c When will the cycle race take place?
  d Name one of the two countries in the rugby final.

Flashes

BOXE

Chance mondiale pour Bénichou ?. — Fabrice Bénichou devrait rencontrer le 26 septembre, sans doute à Paris, le Vénézuélien José Sababria, champion du monde des super-coqs IBF.

TENNIS

Leconte battu. — Henri Leconte a été défait 7-6, 6-3 par l'Américain Jim Courier hier lors d'un tournoi exhibition disputé près de New York.

RUGBY

Finale de la coupe du monde universitaire demain à Bayonne. — La Nouvelle-Zélande et l'Argentine disputeront demain (20 h 30) à Bayonne la finale de la coupe du monde universitaire.

CYCLISME

Fignon au Tour de la Communauté Européenne. — Laurent Fignon a été sélectionné par Système U pour participer au Tour de la Communauté Européenne du 6 au 18 septembre. Il mènera une formation composée de Pascal Dubois, Jean-Claude Garde, Laurent Masson, Jean-Louis Peillon et Gérard Rué.

50 Why will Robert de Niro be in Deauville from 2 September?

Robert de Niro au festival du cinéma américain de Deauville (2 au 11 septembre)

51 This newspaper photo catches your eye so you read the article.

Un pont en construction s'effondre en Allemagne: un mort et six blessés graves

Photo Reuter

Un technicien de 30 ans a été tué et six ouvriers grièvement blessés mardi matin dans l'effondrement d'un pont d'autoroute en construction (notre photo) à 30 kilomètres de Francfort (Allemagne). Une partie du tablier s'est affaissée dans le Main. La circulation fluviale a été interrompue.

a In which country did the disaster take place?

b How many people were killed?

c When did the disaster happen?

52 Your French friend's sister is looking for a car in the newspaper adverts.

Vendée transports

VENDS VISA 11 RE, 1987, 32.000 km + Fiat Uno 60 S, 1987, 24.000 km. 5 portes. 51.57.96.20.

VENDS FORD ESCORT 1600 CL, Diesel, année 1987, 51.000 km, très bon état, blanche, 46.000 F. Tél. 51.37.14.53 heures bureau, poste 21 ou tél. 51.32.20.91 après 19 heures.

a How many doors does the Fiat Uno have?

b What colour is the Ford Escort?

53 Your friend's dog is not well. Find a telephone number to ring for help.

URGENCES

MÉDECINS (jour et nuit): pour Les Sables d'Olonne-sur-Mer et Olonne-sur-Mer, tél. 51 05 79 95,

CLINIQUES VÉTÉRINAIRES: 2, avenue Jean-Jaurès, tél. 51 21 05 76; 2, rue Gambetta, tél. 51 21 33 33; 58, boulevard Castelnau, tél. 51 21 05 36.

PHARMACIE POUR LA NUIT: se renseigner au commissariat de police.

CENTRE HOSPITALIER: tél. 51 21 06 33.

CLINIQUE DU VAL-D'OLONNE: tél. 51 21 15 15.

STATION DE TAXIS: gare S.N.C.F.,tél. 51 32 06 24.

E.D.F.-G.D.F.: dépannage électricité, tél. 51 21 05 40; dépannage gaz, tél. 51 21 05 45.

SOS DÉPANNAGE HABITATION: tél. 51 95 37 77.

DÉPANNAGE AUTOMOBILE: tél. 51 32 40 70.

54 You see this advert in the newspaper.

Suite cessation usine française

L'OPÉRATION

FOIRE AUX CHEMISES

BAT SON PLEIN... VITE !...

à partir de :

2 CHEMISES ENFANT (4 à 16 ans) — **70ᶠ**

1 CHEMISE ADULTE — **60ᶠ**

DES DIZAINES DE COLORIS TOUTES LES TAILLES

94, rue Roger-Salengro (ancien magasin Tousalon)

LA ROCHE-SUR-YON

Ouvert tous les jours de 10 h à 12 h et de 14 h à 19 h (sauf dimanche et lundi matin)

FOIRE AUX AFFAIRES

a You want to buy a shirt for your grandfather. What is the minimum cost?

b Which days will the shop be closed?

55 While on holiday in France you are travelling to Poitiers by train. Here is some information given in a timetable leaflet.

Services offerts dans les gares	Information	Réservation	Facilités pour handicapés	Parcotrain	Location de voitures	Location de vélos	Buffet	Change
Angouleme	45.38.50.50	45.92.29.90	•	•	•		•	•
Bordeaux-St-Jean	56.92.50.50	56.92.76.56	•	•	•		•	•
Coutras	56.92.50.50							
Dax	58.74.50.50	58.74.38.75	•		•			
Les Aubrais-Orléans	38.53.50.50							
Lourdes	62.37.50.50	62.94.10.47	•		•			
Orthez	59.30.50.50	59.69.13.91			•			
Paris-Austerlitz	(1) 45.82.50.50	(1) 45.84.15.20	•		•			•
Pau	59.30.50.50	59.27.86.08	•		•			
Poitiers	49.58.50.50	49.58.29.53			•	•	•	•
Puyoo	59.30.50.50							
St-Pierre-des-Corps	47.20.50.50				•	•	•	
Tarbes	62.37.50.50	62.93.56.22	•		•	•	•	

a Will your family be able to hire a car from Poitiers station?

b Will you be able to change your money into French francs in Poitiers station?

56 You see this map in a leaflet about a French town called Niort. What information does it give you?

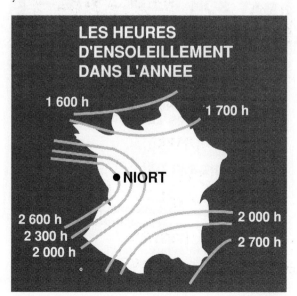

LES HEURES D'ENSOLEILLEMENT DANS L'ANNEE

1 600 h
1 700 h
●NIORT
2 600 h
2 300 h
2 000 h
2 000 h
2 700 h

57 Niort looks a nice place to visit so you read on.

ENTRE LOIRE ET GIRONDE

NIORT
au cœur du Poitou
SITUATION

Entre la Loire et la Gironde, au cœur du Poitou, riche par son histoire et réputée par sa gastronomie, NIORT, ville coquette, accueillante et fleurie, de plus de 70.000 habitants, s'étend sur les bords de la Sèvre Niortaise, autour de son donjon moyenâgeux.

Ville calme dans une région qui a conservé la douceur de vivre, elle est appréciée comme centre de villégiature et de repos.

Au cœur du Poitou, à 4 heures de Paris et à 45 minutes de la mer, NIORT, située à un carrefour touristique, est un lieu plaisant d'étape ou de séjour.

Elle est le point de départ de randonnées pittoresques, notamment dans la Venise Verte (Marais Poitevin), oasis de calme et de verdure et paradis des pêcheurs, ainsi qu'au cœur des massifs forestiers environnants.

a How many people live in Niort?

b How far is Niort from Paris?

c How far is Niort from the sea?

d Name one activity a tourist is likely to be interested in.

58 Read this information about the local library.

LA BIBLIOTHEQUE MUNICIPALE. - Plus de 200 000 volumes anciens et modernes. Incunables.
Ouvert l'après-midi - Jour de fermeture : le lundi.

It's 10.30 am on a Tuesday. Will you be able to visit the library?

59 You're looking for some souvenirs to take home.

Confiserie
ANGÉLI CADO

>>>>>><<<<<<<

Seul Spécialiste
de l'Angélique travaillée
et de Bonbons à l'Angélique

B. ALBERT

6 bis, Rue Ste-Marthe (rue piétonne)
79000 NIORT
Tél. 24.10.23

a What can you buy in this shop?
b What won't you find on the street where this shop is?

60 You like horse-riding, ice skating and flowers and plants. Make a note of the things that may be of interest to you in Niort.

NIORT VOUS OFFRE

Ses jardins

Ses stades omni-sports

Son centre nautique

Ses tennis

Ses cinq salles de spectacles et de cinéma

Son club hippique

Sa patinoire

Son camping

Son plan d'eau
(école de voile)

61 Looking for a bargain for lunch? How much would it cost for ...

a some onion soup? *2,10F*
b a small tin of mushrooms? *5,80F*
c a small tin of green beans? *6,20 F*
d a small jar of strawberry jam? *6,30F*
e a 500g packet of instant mashed potato? *11,95F*
f a small tin of broken pineapple slices? *3,45F*

HUILE TOURNESOL FRUIT D'OR
La bonbonne de 3 litres .... **24,90F** 8,30 F
Le litre ....

CONFITURES ET FRUITS AU SIROP

CONFITURE DE FRAISES BONNE MAMAN
Le bocal de 370 g .... **6,30F** 17,03 F
Le kilo ....

CONFITURE D'ABRICOTS BONNE MAMAN
Le bocal de 370 g .... **5,20F** 14,06 F
Le kilo ....

ANANAS TRANCHES BRISÉES
Côte d'Ivoire ou Martinique
La boîte 3/4 de 570 g .... **3,45F** 6,06 F
Le kilo ....

ANANAS 10 TRANCHES
Côte d'Ivoire ou Martinique
La boîte 3/4 de 570 g .... **3,65F** 6,41 F
Le kilo ....

CONSERVES DE LÉGUMES

POIS EXTRA FINS COOP
la boîte 4/4 de 560 g .... **5,40F** 9,65 F
Le kilo ....

HARICOTS VERTS TRÈS FINS CASSEGRAIN
La boîte 4/4 de 460 g .... **6,20F** 13,48 F
Le kilo ....

POIS EXTRA-FINS ET CAROTTES CASSEGRAIN
La boîte 4/4 de 560 g .... **6,40F** 11,43 F
Le kilo ....

GERMES DE SOJA SUZI WAN
Le bocal de 350 g .... **4,95F** 14,15 F
Le kilo ....

CHAMPIGNONS HOTEL COOP
La boîte 1/2 de 230 g .... **5,80F** 25,22 F
Le kilo ....

ASPERGES
La boîte 4/4 de 620 g .... **19,80F** 31,94 F
Le kilo ....

ENTREMETS

ENTREMET ALSA
Chocolat
L'étui de 4 doses **5,20F**

ENTREMET ALSA
Vanille ou pistache ou praliné
L'étui de 4 doses **4,90F**

LAIT ET FARINES

LAIT ÉCRÉMÉ RÉGILAIT
Le paquet de 300 g .... **7,20F** 24,00 F
Le kilo ....

FARINE MÉNAGÈRE T 55
Le paquet d'1 kilo **2,60F**

FARINE PATISSIÈRE T 45 FRANCINE
Le paquet d'1 kilo **4,60F**

PURÉES, PÂTES, RIZ

PURÉE MOUSLINE
Le paquet de 500 g .... **11,95F** 23,90 F
Le kilo ....

PÂTES RICHES PANZANI
Coquillettes ou macaroni ou nouilles ou spagetti ou torti ou paniers
Le paquet de 250 g .... **3,75F** 15,00 F
Le kilo ....

PÂTES COOP
Coquillettes ou étoiles ou macaroni ou vermicelle cheveux d'ange ou nouilles ou spagetti
Le paquet d'1 kilo **7,95F**

RIZ ÉTUVÉ COOP **10,90F**
Le paquet d'1 kilo ....

POTAGES

SOUPE DE POISSONS LIEBIG
La boîte de 300 g .... **4,90F** 16,34 F
Le kilo ....

POTAGES MAGGI
Soupe oignon ou bœuf tomate vermicelle ou cresson ou jardinière légumes, ou poireaux pomme de terre ou poulet vermicelle ou tomate vermicelle
l'étui de 4 assiettes **2,10F**

62 You arrive at a youth hostel in France but you are not a member so you have to join before you can stay the night. How much would it cost you for individual membership?

COMBIEN ?

ADHESION INDIVIDUELLE (*)

carte internationale :
moins de 18 ans * .... 10 F
de 18 à 26 ans * .... 43 F
plus de 26 ans * .. 63 F

(*) au moment de l'adhésion

ADHESION "GROUPE" (*)

carte internationale .... 150 F
carte valable en
France seulement .... 100 F

(*) responsables groupes âgés de 18 ans minimum.

ADHESION "FAMILLE"

carte internationale .... 80 F

ADHESION "ETUDIANTS" (*)

cartes internationales :
"étudiant" ISTC .... 27 F
"étudiant" FUAJ-ISIC/ISTC .... 60 F

(*) voir avantages "SERVICES F.U.A.J."

Par correspondance, ajouter 5 F pour frais d'envoi.

ATTENTION : pour chaque adhésion "INDIVIDUELLE", "GROUPE", "FAMILLE", "ETUDIANT", utiliser les bulletins correspondants.

63 Here is an advert for a charity fête in Saint Sauvant.

SAINT SAUVANT
Dimanche 3 Août

Grande Kermesse Paroissiale

A partir de 14 h 30 au Stade Municipal

Présentation et démonstration de course de lévriers
organisées par le R-C-P-L de Poitiers

nombreux stands :
(Bowling - roue de la Fortune - Buvette - merguez - Crêpes)

Venez nombreux ambiance assurée

ENTRÉE GRATUITE

a Where will it take place and at what time will it start?

b Name at least one thing that you are told will be on sale at the snack bar.

c How much will it cost to get into the fête?

64 The French town of Melle is offering three different, short, activity holidays. You like canoeing and tennis. You have a small, two person tent.

   a Fill in the booking form with all the necessary details.

   b By which date must you send in the booking form?

FICHES DE PRE-INSCRIPTION A RETOURNER AVANT LE <u>MARDI 17 JUIN</u> AU CLUB DES JEUNES

NOM:
PRENOM:
DATE DE NAISSANCE:
ADRESSE:

TEL:

Cocher les activités choisies:

  - SEJOUR EQUITATION BAIGNADE:
     du 7 au 9 juillet ▱

  - SEJOUR CANOE-EQUITATION-BAIGNADE:
     du 15 au 18 juillet ▱

  - SEJOUR RANDONNEE PEDESTRE CULTURELLE:
     du 10 au 12 juillet ▱

Je possède une tente
     OUI ▱   NON ▱
     Nombre de places ▱

  - STAGE TENNIS ------------- ▱
  - STAGE VOLLEY-BALL ------------- ▱
  - STAGE JUDO ------------- ▱
  - STAGE FOOT-BALL ------------- ▱

65   Here is an item from *Girls* magazine. François Valéry tells you about the object that he likes the most.

FRANÇOIS VALERY
J'ai un petit cheval de bois que m'avait offert une de mes fans au début de ma carrière. Il mesure une vingtaine de centimètres et il vient des Indes. Je crois qu'il m'a porté bonheur et je ne m'en suis jamais séparé. Il n'a pas une grande valeur matérielle mais sentimentalement il m'est très précieux.

a   What is his favourite object and what is it made from?
b   Who gave it to him?
c   How big is it?

66   This article, also from *Girls* magazine is about a French actress. Fill in the details about her.

Real name: ....

Date of birth: ....

Married ☐   Single ☐

Father's job: ....   Mother's job: ....

Nom : Sylvette Herry. C'est Coluche qui la baptisa Miou-Miou alors qu'ils étaient ensemble au Café de la Gare. **Née le :** 22 février 1950 à Paris. Elle est Poissons. **Etat civil :** Célibataire, Miou-Miou refuse le mariage « qui ne représente rien pour elle ». Son père était agent de police et sa mère vendeuse de légumes aux Halles. Elle a deux enfants, Angèle, née en 1974 du grand amour qu'elle vécut avec Patrick Dewaere, et Jeanne, née en 1978, qui est la fille de Julien Clerc.

67   Your French friend is looking for a second-hand television for her bedroom. You see this advert.

TV D'OCCASION
N et B............... à partir de **100 F**
Couleur .... à partir de **500 F**
Stock disponible illimité
Ouvert de 10 h à 12 h 30 et 14 h à 19 h 45
TÉL. : 681.48.92

Remise spéciale de 20 % sur présentation du 75

a   What is the cheapest you could pay for a black and white set?
b   It is nearly 7 pm. Is the shop still open?

68   Your penfriend's family would like a pet parrot. Which of these adverts will help? Write down its telephone number.

AXU4. Vds chaton eup. 2 mois, mâle, 200 F + chaton angora, 2 mois, femelle, 800 F. Tél. 558.32.41.

AXU2. Briards noirs, disponibles, lof, vac., chp. parents primés. Tél. (6) 065.59.24. 40 km Paris sud, St Fargeau (77), région Corbeil.

AXU6. Vds berger allemand 2 ans 1/2 vacciné, 1 200 F. Tél. 881.80.16.

AXU5. Perroquets Amazone valeur 6 000 F, vendu avec cage chromé + perchoir 3 800 F, aquarium de luxe tout équipé sur sellette, 1 900 F. Tél. 580.84.46.

AXU7. Vds bébés caniches nains abricots et gris, tatoués, vaccinés, garantie, élevés au grand air par ents visibles. Tél. 479.72.86, 479.73.88.

AXU8. A vendre chiots bichons frisés vaccibés, tatoués LOF, garanties. Tél. 875.14.70.

AXU10. Urgent, cse dép., joli caniche noir fem. 10 mois, besoin jardin, joueuse, caline 1 000 F. Tél. 805.13.41.

69   Some sweets that you have bought in France have some information on their wrapper about interesting 'records'. Read these two examples and say what the records are.

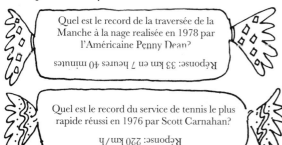

Quel est le record de la traversée de la Manche à la nage realisée en 1978 par l'Américaine Penny Dean?

Réponse: 33 km en 7 heures 40 minutes

Quel est le record du service de tennis le plus rapide réussi en 1976 par Scott Carnahan?

Réponse: 220 km/h

70   Your French friends plan to take you on a visit of Cerizay. Here is the programme.

Vendredi 18 Juillet
Cerizay

10 h 00	Rendez-vous à la Mairie.
	Présentation de la Ville de **Cerizay** : son histoire, son développement.
10 h 30	Au choix des visiteurs :
	a) Visite des équipements sportifs et des infrastructures de la ville intervenus à la suite du développement industriel.
	b) Découverte d'un élevage de lapins chez M. & Mme GOBIN aux Merlatières.
	Visite d'une exploitation agricole légumière chez M. & Mme BIRAULT à La Bilardière. Gestion informatique de l'exploitation.
12 h 00	Vin d'honneur offert par la Municipalité.
12 h 30	Pique-nique au Château de La Roche.
14 h 30	Visite de l'usine HEULIEZ (production des BX Break...)

IMPORTANT :
Groupe limité à 30 personnes
Inscriptions à prendre à :
"LA HALTE DU BOCAGE"
R.N. 149 à Bressuire
Participation obligatoire à toute la journée

---

a   Where will those going on the visit meet?
b   At 10.30 am your friends tell you they have decided to choose option b. What do M. and Mme Gobin do? What do M. and Mme Birault grow?
c   What form will lunch take and where will it take place?

71   This is the way to travel! A friend of yours brings you a leaflet about a train she has travelled on.

Paris Port-Bou

Voyagez, swinguez toute la nuit vers le Languedoc-Roussillon et l'Espagne pour 335 F aller-retour! Du 1er juillet au 26 août, une fois par semaine, un train de nuit spécial avec voiture-bar discothèque vous attend. Départ chaque mardi vers minuit de Paris, Gare du Nord, arrivée le mercredi à Port-Bou à 11 h 50. Retour chaque mercredi: départ de Cerbère à 17 h 27, arrivée à Paris vers 5 h du matin.
Réservation obligatoire. (Tarifs spéciaux également en Espagne, vers Barcelone et Salou).

a   This train only runs for two months a year. What are they?
b   How often does the train run?
c   At what time does the train leave Paris?
d   Name something on this train that you wouldn't normally find on a train?

72 In a French magazine you see an article about holidays.

OÙ VONT LES PARTANTS?	
A la mer	45 %
A la campagne	25 %
A la montagne	17 %
Reste — se répartissant entre les circuits, la ville et le reste	13 %
COMMENT SONT-ILS LOGÉS?	
Parents ou amis	40 %
Camping	19 %
Location	15 %
Résidence secondaire	12 %
Hôtel	7 %
Hébergements divers	7 %

a What percentage of French holiday-makers go to the countryside?

b What percentage of French holiday-makers have their own holiday home?

73 Here's an interesting recipe which catches your eye!

• **Les cerises au vinaigre :** Coupez les queues d'un kilo de cerises reverchon à un centimètre environ. Mettez-les dans des bocaux propres et secs avec une branche d'estragon, une cuillerée à soupe de sucre et six à sept grains de poivre. Versez dessus le vinaigre d'alcool blanc bouillant. Laissez refroidir, fermez hermétiquement. Conservez à l'abri de la lumière. Les cerises au vinaigre sont délicieuses avec un rôti de porc froid ou un canard rôti, servi chaud ou froid.

a How many cherries will you need?

b How much sugar will you need?

c How much pepper will you need?

d Name two meals that are suggested for you to eat your cherries in vinegar with.

74 You are staying in France on an exchange. Your exchange partner takes you to visit his school. Here is the canteen menu for the week. It is a Tuesday, what will you be having for lunch?

MENU

Semaine du 6 au 9 Février

LUNDI
Friand
Steack hâché
Petits pois - carottes
Banane

MARDI
Salade verte
Rôti de porc
Frites
Pruneaux au vin

JEUDI
Poireaux vinaigrette
Langue de boeuf
Riz
Petits suisses

Le Principal

75 Look at this old bill from a previous camping holiday in France and use it to work out roughly how much a similar stay will cost this year. Find out the following:

a the cost per night for a child
b the cost per night for pitching the tent
c the cost per night for an adult camper.

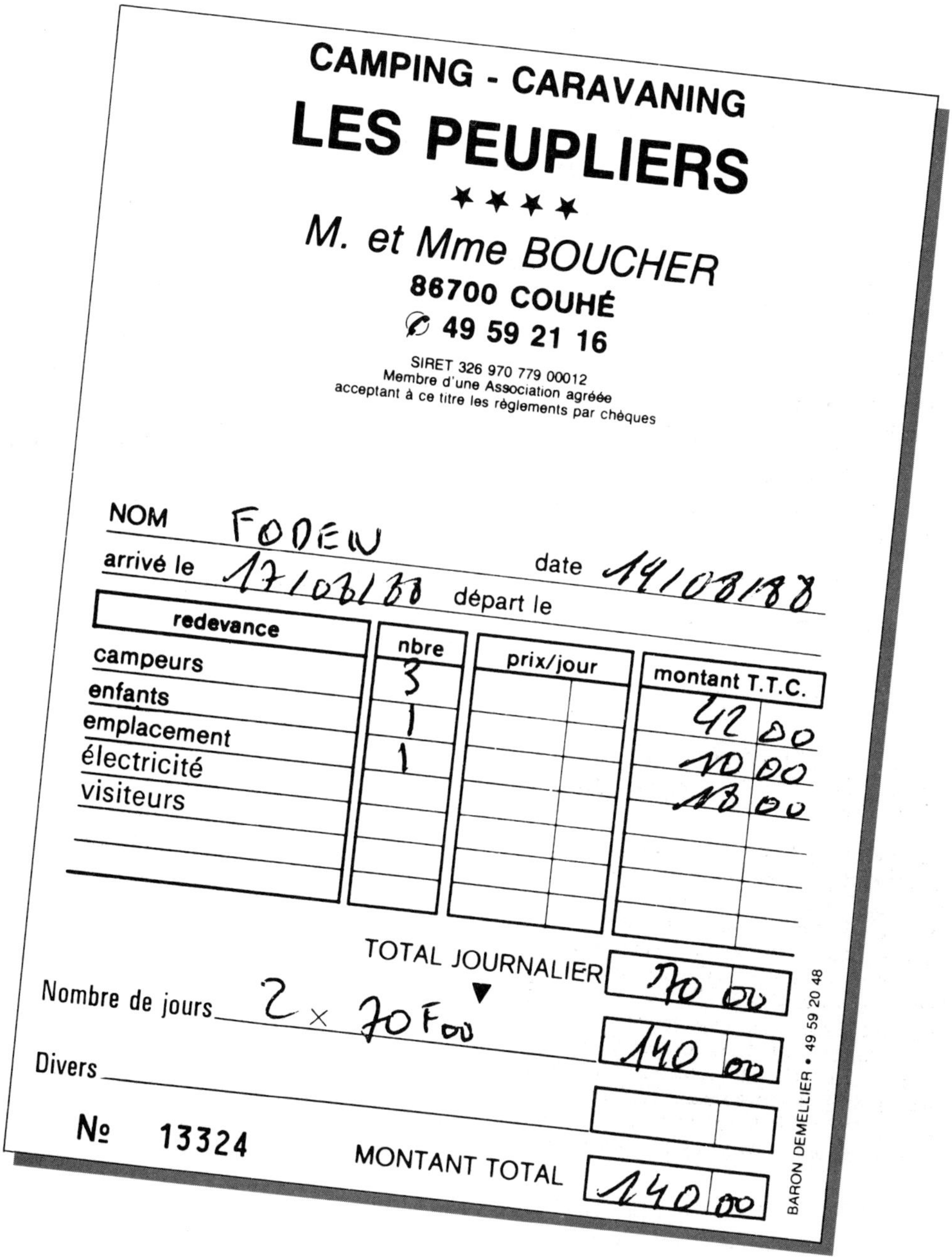

CAMPING - CARAVANING
LES PEUPLIERS
★ ★ ★ ★
M. et Mme BOUCHER
86700 COUHÉ
☏ **49 59 21 16**

SIRET 326 970 779 00012
Membre d'une Association agréée
acceptant à ce titre les règlements par chèques

NOM _FODEN_

arrivé le _17/08/88_ date _19/08/88_ départ le

redevance	nbre	prix/jour	montant T.T.C.
campeurs	3		42 00
enfants	1		10 00
emplacement	1		18 00
électricité			
visiteurs			

TOTAL JOURNALIER ▼ | 70 00

Nombre de jours _2 × 70 F 00_ | 140 00

Divers _____ | |

№ 13324

MONTANT TOTAL | 140 00

BARON DEMELLIER • 49 59 20 48

What number should I ring if I want to book by telephone?

76 While on holiday at the seaside in France, you fancy having a go at this! Where exactly would you go to hire a *scooter* of this sort?

77   You decide that you would like to go and see *Cry Freedom*. Make a note in English of the days and dates when it will be showing. Note the time as well. In case of bad weather what does the cinema *Le Casino* do for holiday-makers?

CINÉMA LE CASINO

En cas de pluie SÉANCE à 15 H.

☎ 51.32.05.40

Casino de la Plage
(sur le remblai)
LES SABLES D'OLONNE

Programme Août

	18 h 00	20 h 30	23 h 00
Mer. 10	**PRINCESS BRIDE** 1 h 38	**LA MÉRIDIENNE** Comédie suisse. Un marivaudage qui mêle rêve et tendresse.	**LE FESTIN DE BABETTE**
Jeu. 11	**BAGDAD CAFÉ** 1 h 31. Comédie de A. PERCY.	**LA MÉRIDIENNE**	**MANIAC COP** 1 h 35. Policier de W. LUSTIG.
Ven. 12	**LA MÉRIDIENNE**	**BAGDAD CAFÉ**	**MANIAC COP**
Sam. 13	**Jonathan Livingston Le Goéland** 1 h 40. De Hall BAILETT, musique de Noël DIAMOND.	**LA MÉRIDIENNE**	**CRY FREEDOM** 2 h 37. Drame politique sur l'apartheid de R. ATTENBOROUGH.
Dim. 14	**LA MÉRIDIENNE**	**Jonathan Livingston Le Goéland**	**CRY FREEDOM**

78   You decide to join the French youth hostel association (F.U.A.J.) Here is your membership card. Fill in all the details you can.

VALABLE EN FRANCE ET A L'ÉTRANGER

jusqu'au 31 Décembre

fédération unie des auberges de jeunesse

6, rue Mesnil
75116 PARIS
Tél. (1) 261.84.03

CARTE INDIVIDUELLE DE MEMBRE

PHOTO
ou carte d'identité

n° ....

délivrée le ....

Cette carte et sa photographie doivent être authentifiées par l'apposition du cachet du Bureau de délivrance.

Je m'engage à respecter les règlements des Auberges de jeunesse du Pays dans lequel je voyage.

SIGNATURE

CARTE délivrée le

DATE DE NAISSANCE

NOM

PRÉNOM

ADRESSE

Coller ici le timbre de l'année en cours

79 You have been staying at Poitiers youth hostel for three nights. You arrived on 3 July and it is now 6 July and you are leaving. You paid your membership fee and the standard charge for the use of sheets. You have had two breakfasts and one evening meal. You have had two hot showers. Check this bill to see if the details are correct. Put a tick next to anything that is right and a cross next to anything where the warden has made a mistake.

NE RIEN ÉCRIRE (DON'T FILL UP)

ARRIVÉE LE : 3 juillet

DÉPART LE : 6 juillet

NUITS	trois	45-00
PETIT DÉJEUNER	un	6-00
REPAS	deux	20-00
DRAPS		8-00
ADHÉSION		10-00
BOISSON		—
DIVERS	deux douches chaudes	6-00
TOTAL :		95-00

80 You are helping your family to find a hotel in Niort. You don't want to pay more than 95,00F per room per night. You don't want to pay more than 40,00F for your meals. You'd like a hotel with parking space. You'd like to be able to watch television. Which hotel do you choose?

Plan emplacem.	Classement	HÔTELS RESTAURANTS	Téléphone	ADRESSES	Nbre chambres	Prix des chambres 2 personnes		Téléphone dans les chambres	Prix du petit déjeuner	Chambres av. W. SB. B. CT. D. TV	Nombre de couverts	Prix des repas		Boissons	Restauration après 22 heures	Pension	Bar	Langues étrangères	A : Ascenseur P : Parking C : Chiens acc G : Garage	C : Change J : Jardin STV : Salon TV T : Terrasse NC : Night Club P : Piscine
						Mini	Maxi					Mini	Maxi							
1	★★NN	Hôtel Ibis	49 73 54 54	260, av. de La Rochelle	40	186,00	198,00	OUI	19,30	W. SB.		40,00			22h 30	OUI	OUI	Ang. All. Esp. Ital.	P. C.	C. STV. T.
2	★★NN	Hôtel Terminus	49 24 00 38	82, rue de la Gare	43	85,00	220,50	OUI	21,00	W. SB. B.CT.D.		61,00	240,00	NC	NON	OUI	OUI	Ang. All.	A. C.	C. STV.
3		Bar des Brizeaux	49 24 15 87	244, rue du Mal Leclerc	5	75,00	118,00	NON	12,00	CT. D.	60	37,50		NC	NON	OUI	OUI	NON	P.	STV. T.
4		Chez Pierrot	49 79 20 26	35, rue Gambetta	8	85,00	95,00	NON	13,00	W. D.	50	39,00		NC	NON	OUI	OUI	NON	P. C.	
5		Au rendez-vous des Pêcheurs	49 24 40 00	9, rue du Bas Surimeau	5	56,20	72,30	NON		W. D. (à l'étage)	110	44,00	85,00	NC	NON	OUI	OUI	NON	P.	

81 Some French junior school children wrote
about what they like least.

Nathalie:

Ce que je déteste le plus,
c'est d'apprendre mes leçons,
j'aime mieux la télévision

Laurent:

Ce que je déteste le plus,
c'est la pluie
car elle nous ennuie

Emmanuelle:

Ce que je déteste le plus
c'est qu'on tue les oiseaux
car ils sont beaux.

Benjamin:

Ce que je déteste le plus,
c'est l'hiver
car les arbres ne sont plus verts

Write down in your notebook what each child
likes least and why?

One child wrote a poem about what he likes the
most. Name the three things that he mentions.

Ce que j'aime le plus,
c'est la nature
car elle est pure

Ce que j'aime le plus
c'est les fleurs
pour les odeurs

Ce que j'aime le plus,
c'est les nuages
parce qu'ils sont sages

Raoul

82 Your French penfriend has sent you a copy of her timetable.
Look at it carefully and answer the following questions.

    a What time is afternoon break?
    b What does she have on Monday at 3.35?
    c What does she have on Tuesday at 10.05?
    d What does she have on Saturday at 9.00?

Classe de 3ᵉ₂   Emploi du temps   Collège de Faucogney

	LUNDI	MARDI	MERCREDI	JEUDI	VENDREDI	SAMEDI
8h		FRANÇAIS Orthographe		MATHS	ANGLAIS	MATHS
9h	MATHS	ANGLAIS		SCIENCES HUMAINES	ALLEMAND	EMT
9h50	RECREATION					
10h5	FRANÇAIS Grammaire	ALLEMAND		FRANÇAIS Lecture expliquée	ANGLAIS RENFORCÉ	EMT / PERMANENCE
11h	ANGLAIS	SCIENCES NATURELLES		ALLEMAND	MATHS	
12h						
13h30	SCIENCES HUMAINES	SCIENCES HUMAINES		ANGLAIS RENFORCÉ	FRANÇAIS	
14h30	EPS	SCIENCES PHYSIQUES		FRANÇAIS Rédaction	EPS	
15h20	RECREATION					
15h35 / 16h30	DESSIN	SCIENCES PHYSIQUES / SCIENCES NATURELLES		MUSIQUE	EPS	

83 A friend of yours has received a letter from his French penfriend. Your friend doesn't understand French as well as you! Help him by making a short summary in English about what his penfriend hopes to do in the summer holidays.

A la fin du mois de Juin, nous allons avoir les grandes vacances. Elles dureront 2 mois ½. J'irai peut-être en vacances chez mon oncle à Saint-Sauveur qui se situe près de Luxeuil. Pendant les vacances, s'il fait beau, j'irai me baigner dans son étang et j'irai à la pêche. Nous irons faire des promenades avec mes parents, nous cueillerons des fruits dans les vergers, prunes, cerises, poires, pommes, framboises, et dans la nature, nous irons cueillir des myrtilles et des fraises des bois.

84 You are talking with your French friend about school and its differences between your country and hers. She shows you a copy of her school rules.

1 Les élèves ne doivent pas se présenter plus de 15 minutes avant le début des cours et ne doivent pas rester au collège après la fin des cours, sauf avec authorisation spéciale.

2 Pendant les récréations, les élèves doivent sortir dans la cour et ne pas rester dans les salles.

3 Le transport du matériel (magnétophones, tourne-disques) est formellement interdit aux élèves.

4 L'accès au parking des professeurs est interdit aux élèves.

5 L'usage du tabac est formellement interdit aux élèves dans tout l'établissement.

6 Les élèves ne sont pas autorisés à mastiquer le chewing gum ni à l'intérieur de l'établissement ni pendant les séances d'éducation physique.

7 Une tenue discrète et correcte et une parfaite politesse à l'égard de tout le personnel sont demandées aux élèves.

Note down in English what these school rules say about:

    a breaks
    b chewing-gum
    c before and after school
    d smoking
    e tape recorders and record players.

85 Here's a letter from a French boy. Read it
and answer the questions in English.

Salut,
Je m'appelle Franck Benet. J'ai quatorze
ans et j'habite à Faucogney dans la
Haute-Saône. Je t'écris cette lettre
pour te dire comment je réalise ma
vie et plein d'autres choses.
J'ai deux frères et une soeur qui sont
aussi dans un collège. Mon père travaille
dans une gendarmerie et ma mère chez
moi. Puis j'ai aussi des animaux dont
les oiseaux et une petite chienne qui
me grandira plus.
Moi j'ai un BMX et une mobylette. Les
sports que je pratique sont : le ski,
le bicross, le tennis de table
le football, le basket, le handball et le
saut en hauteur. Un jour, au saut en
hauteur, j'ai réalisé un saut de 1,42 m.

Franck.

a How old is Franck?
b How many brothers and sisters does he
   have?
c What is his father's job?

d What pets does Franck have?
e Franck likes sport. What is the last sport
   he mentions and what is his best
   performance in it?

86 A French penfriend has written to tell you about Easter in her country. Read what she has to say.

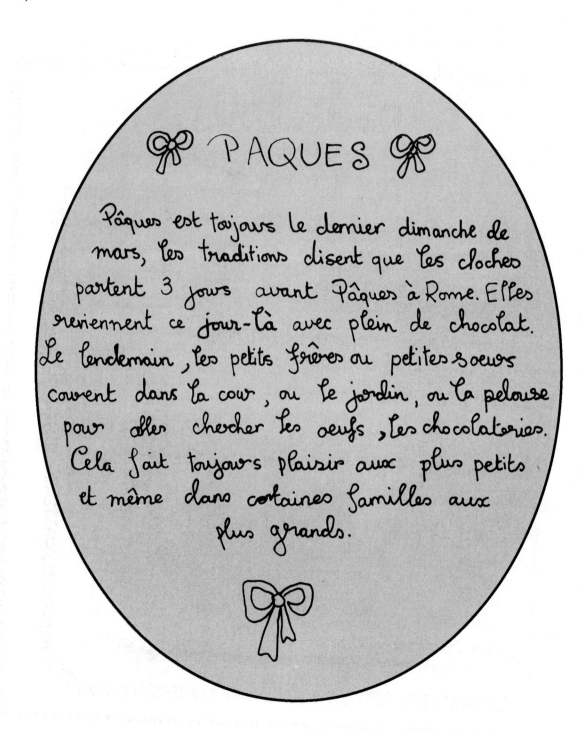

PAQUES

Pâques est toujours le dernier dimanche de mars, les traditions disent que les cloches partent 3 jours avant Pâques à Rome. Elles reviennent ce jour-là avec plein de chocolat. Le lendemain, les petits frères ou petites soeurs courent dans la cour, ou le jardin, ou la pelouse pour aller chercher les oeufs, les chocolateries. Cela fait toujours plaisir aux plus petits et même dans certaines familles aux plus grands.

What is the French Easter tradition which is described here?

87   You are camping in France with a friend who doesn't understand much French. Instant mashed potato seemed like a good idea to go with your meal! However, you friend is having difficulty with the instructions. Help out by noting down all the main details in English.

mousline®
au lait

MODE D'EMPLOI POUR 2 PERSONNES (1 sachet)

1. **FAITES CHAUFFER**
dans une casserole 1/4 de litre d'eau et 1/8 de litre de lait jusqu'à ébullition. Salez à votre convenance.

2. **RETIREZ LA CASSEROLE DU FEU.**
ATTENDEZ 2-3 MINUTES avant de verser les flocons pour obtenir la température idéale de préparation de la purée.

3. **VERSEZ LES FLOCONS EN PLUIE**
pour bien les répartir dans le liquide. Laissez-les gonfler quelques instants.

4. Ajoutez un morceau de beurre et **REMUEZ TRÈS DOUCEMENT.** Quelques tours de cuillère suffisent.

CONSEILS MOUSLINE
*Selon votre goût vous pouvez ajouter :
jaune d'œuf, blanc battu en neige, crème fraîche, fromage râpé, épices, fines herbes...*

88   A friend has received a letter from a French penfriend, Marie-Louise. Help your friend to understand the letter.

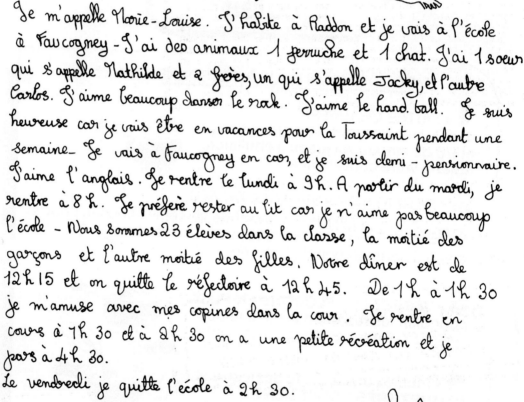

ANTAO Marie-Louise
Née le : 20-7-78
N° de classe: 5° 1

Hello!

Je m'appelle Marie-Louise. J'habite à Raddon et je vais à l'école à Faucogney. J'ai des animaux 1 perruche et 1 chat. J'ai 1 soeur qui s'appelle Nathilde et 2 frères, un qui s'appelle Jacky, et l'autre Carlos. J'aime beaucoup danser le rock. J'aime le hand-ball. Je suis heureuse car je vais être en vacances pour la Toussaint pendant une semaine. Je vais à Faucogney en car, et je suis demi-pensionnaire. J'aime l'anglais. Je rentre le lundi à 9h. A partir du mardi, je rentre à 8h. Je préfère rester au lit car je n'aime pas beaucoup l'école. Nous sommes 23 élèves dans la classe, la moitié des garçons et l'autre moitié des filles. Notre dîner est de 12h15 et on quitte le réfectoire à 12h45. De 1h à 1h 30 je m'amuse avec mes copines dans la cour. Je rentre en cours à 1h 30 et à 3h 30 on a une petite récréation et je pars à 4h 30.
Le vendredi je quitte l'école à 2h 30.

Goodbye!

a What pets does Marie-Louise have?
b Name two things that she likes doing.
c She is about to be on holiday from school. How long will she have?
d How does Marie-Louise get to school?
e Which subject does she say she likes at school?
f What does she think about school generally?
g What does Marie-Louise do straight after her lunch?

86

89   Here is an article from a French newspaper.

Faits divers

La Turballe

Une septuagénaire agressée à son domicile

Une femme de 76 ans, Mme Renée Baholet, veuve Leberre, demeurant dans une maison particulière au 15, rue du Maréchal-Leclerc, à La Turballe, a été agressée à son domicile, par trois hommes, dans la nuit de lundi à mardi. Les trois agresseurs sont entrés par la cave, sans effraction, et sont montés au premier étage où dormait Mme Baholet. Le visage recouvert de cagoule noire, ils se sont partagés la tâche. Pendant que l'un d'eux maintenait Mme Baholet, surprise dans son sommeil, sur son lit, les deux autres commençaient une fouille systématique de la maison. Ils menaçaient ensuite Mme Baholet, pour qu'elle dise où se trouvaient argent et bijoux. Les trois hommes sont finalement repartis avec 700 F ! Par précaution, ils avaient coupé les fils du téléphone.

   a Summarise briefly in English what the article is about.
   b How many men were involved?
   c How did they get in?
   d Where was Mme Baholet and what was she doing?
   e What two things in particular were the men looking for?
   f What action did the men take before leaving to ensure that Mme Baholet could not get immediate help?

90   What are you encouraged to do here?

DON DU SANG :
Renseignez-vous auprès des Centres de Transfusion
OFFREZ un peu de votre sang

91   *Air Inter* is a French airline. This newspaper article tells of a new flight to Madrid.
   a How often will there be a flight to Madrid?
   b Why is this route said to be out of the ordinary for *Air Inter*?

Air Inter

Vol vers Madrid

A partir du 10 septembre, Air Inter assurera une liaison Paris-Madrid, deux fois par semaine. Après l'expérience temporaire d'un vol Paris-Ibiza cet été, la capitale espagnole sera la première ville étrangère reliée par Air Inter. La compagnie se prépare ainsi, en concertation avec Air France, au marché unique européen de 1993.

92 **a** What two things are being advertised in this newspaper advert?

b Which two conditions does the company give to encourage you to buy?

93 While on holiday in France you look in a television magazine and see a programme advertised that you recognise.

According to the description of the programme:

a Where do the murders take place?

b How was the first victim murdered?

20.30 INSPECTEUR MORSE, AU SERVICE DE LA MORT

Téléfilm britannique d'**Alastair Reid**.
Avec **John Thaw** (Inspecteur Morse), **Kevin Whately** (Sergent Lewis), **Angela Morant** (Ruth Rawlinson), **John Normington** (Révérend Lionel Pawlen), **Chrissy Iddon** (Brenda), etc.
L'inspecteur Morse enquête sur le meurtre d'un pasteur, retrouvé mort dans sa sacristie, un élégant coupe-papier planté dans la poitrine. Cet assassinat n'est que le début d'une longue série de crimes qui ont tous lieu dans l'église.

---

94 George Meegan got into the *Guinness Book of Records*.

La longue marche

Parti il y a plus de sept ans pour une promenade, George Meegan est entré directement dans le Livre Guinness des records, après avoir parcouru à pied 30 600 km sur le continent américain. George Meegan, un Anglais du Kent, a marché de l'extrême pointe de la Terre de feu (Amérique du Sud) jusqu'à Prudhoe Bay en Alaska, en traversant quatorze pays. A l'occasion de la remise de son diplôme, l'homme a fait don de ses bottes pour l'exposition Guinness, a vanté l'intérêt de son livre « La plus longue marche : une odyssée de l'esprit humain » et a ravi la foule en exhibant la carte de son itinéraire... tatouée sur une jambe.

---

a What record did he achieve?

b When he was presented with his certificate what did he give to the Guinness exhibition?

c How did he please the crowd?

95 What does this newspaper headline announce?

SOCIAL

Le chômage s'est encore aggravé : 32.500 sans-emploi de plus en juillet

96 This photo catches your eye.

Et pourtant c'est vrai

... Et ben vrai !

(Photo AGIP. R. Cohen)

Cet appareil de taille gigantesque n'est autre qu'une machine à laver les avions, automatique, et la première du genre. Elle a été installée à l'aéroport Narita au Japon. En une heure, l'avion est rendu propre comme un sou neuf. Il ne manque plus qu'une autre Mère Denis pour faire la promotion de cette machine qui coûte quand même huit millions de dollars.

    a What is the machine used for?
    b How long does it take to do its job?
    c How much does it cost?

97 What was the incident described here and how many people were involved in it?

Niagara, quelle chute !

Une petite fête à bord d'un bateau de plaisance a tourné à la galère pour quatre Canadiens. Ils ont subitement réalisé qu'ils dérivaient, sur le Niagara, en direction des célèbres chutes. Ils se sont jetés à l'eau, quelques dizaines de mètres en amont du gouffre, et ont pu s'agriper aux rochers, pendant que leur embarcation faisait le grand saut.

Ils ont finalement été secourus.

---

98 Your penfriend's father has the winning ticket in this raffle! It is number 0252.
    a What has he won?
    b Where and when will he be able to claim his prize?

L'île-d'Olonne

Après la fête des vieux métiers

Liste des numéros gagnants de la tombola : n° 0642, une télévision couleur ; 1857, un mouton ; 0252, une grande poupée Islaise.
Les autres numéros gagnants :

16	75	107	164	192	677
697	936	1303	1363	1381	1611
1698	1699	1806	1861	1964	2047
2407	2434	2520	2643	2687	2745
2750	2847	2923	2929	3087	3378
3599	3695	3848	3891	3924	4261
4359	4527	4558	4656	4743	4796
4992	5099	5242	5282	6084	6129
6217	6233	6243	6275	6423	6498
6504	6761	7213	7424	7477	

Ces lots offerts par les vieux métiers, qui payent « en nature » peut-on dire, un petit droit de place, sont à retirer, à l'école Sainte-Anne, entre 19 h et 20 h, les lundis, mercredis et vendredis, jusqu'à la rentrée scolaire.

99 You'd like to go on a picnic this week so you consult the weather forecast:

La météo

Des nuages, encore des nuages. La météo n'annonce rien de fameux encore pour aujourd'hui. On peut même s'attendre à quelques pluies éparses. Le thermomètre ne dépassera pas les 20°.

Jusqu'à dimanche, même type de temps. Du vent, des averses et ici et là une apparition du soleil seront notre lot quotidien. Le mois d'août s'achève moins bien qu'il n'avait commencé.

a Mention three things about what the weather will be like today.

b What is the outlook until next Sunday?

100 This campsite looks as if it might be suitable for next year's holiday!

a How many campsites are there in the region?

b This one has been full every day. Give two reasons why according to the owners.

c Here is a checklist to help you find out about what the site offers. Make some notes in your notebook.
Distance from the beach?
Number of 'pitches'?
Is English spoken by the owners?
What is available for children?

Camping municipal
«Complet tout l'été»

En juillet et en août, le camping municipal du Vieux-Moulin, avenue Maurice-Samson, a affiché «complet» chaque jour. **«Nous sommes sans doute les seuls à pouvoir dire cela parmi les vingt-trois campings de la région; presque tous les jours nous avons refusé des campeurs»**, déclare le régisseur M. Pierre Marchand (peut-être son nom favorise-t-il l'affluence?). **«Il me semble que notre succès de cette bonne fréquentation vient du fait que nous pratiquons des tarifs très bas et aussi parce que la plupart de nos campeurs viennent sur réservations.»**

En effet, celles-ci sont enregistrées, dès le mois de janvier, chaque année. Et puis le camping, se situe à seulement trois cent cinquante mètres de la plage et se révèle très ombragé avec un relief vallonné, lui donnant

---

beaucoup de caractère et d'originalité. La plupart des emplacements, au nombre de deux cent dix-neuf sur les trois cent douze disponibles, possèdent une séparation pour que chacun se sente un peu chez soi.

Côté sanitaires, les douches individuelles sont en nombre suffisant ainsi que les lavabos. Côté personnel, il est nombreux, dynamique et compétent. Marc parle français et allemand et se charge de placer les gens lors de leur arrivée. Anthony s'occupe des sanitaires, il vérifie si tous les campeurs sont bien munis, sur le pare-brise, de leur macaron obligatoire attestant leur passage au guichet d'accueil et il veille à ce que le silence soit respecté le soir. Celui-ci est fait de manière très sympathique par deux souriantes employées.

«Moi, je suis du Nord de la France et voilà trois années consécutives que je reviens dans ce camping; j'apprécie beaucoup la proximité de la mer, aussi je resterai avec ma famille plusieurs semaines à La Tranche», déclare une vacancière.**«Ah! vraiment j'aime beaucoup ce camping»**, ajoute un Parisien en séjour pour quinze jours.

En effet, les séjours sont en moyenne de quinze jours à trois semaines avec sans doute une majorité de campeurs retraités. Les enfants ont la possibilité de se distraire aux jeux divers et les adultes de jouer aux boules sur le terrain aménagé. En résumé, au camping municipal tout a été prévu et organisé pour que les vacances se déroulent du mieux qui soit pour le plus grand bonheur des vacanciers.

101 Your friend likes *OK!* so much that she has decided to order it. Here is the order form.

OFFRE SPECIALE D'ABONNEMENT

OK!

☐ Je désire m'abonner à OK! pour 1 an (soit 52 numéros) au tarif de 197 F seulement au lieu de 244 F. J'économise ainsi le prix de 10 numéros.

☐ Je désire m'abonner à OK! pour 6 mois (soit 26 numéros) au tarif de 99,00 F seulement au lieu de 122 F. J'économise ainsi le prix de 5 numéros.

Ci-joint mon règlement à l'ordre de OK! par ☐ chèque bancaire
☐ chèque postal
☐ mandat-lettre

07

Nom _____

Prénom _____

Adresse _____

Code postal └─┴─┴─┴─┴─┘ Ville _____

Complétez et postez cette carte au plus vite.

She wants to take out a subscription for a year and pay by banker's cheque. Which boxes would she tick?

What will she get free with a year's subscription?

102 You ask a friend to help with this mystery photo game. He says he thinks it is an ant's nest. Which answer does he tick?

103 Here is an item from the letters page of *OK!* magazine.

    a What was Yannick complaining about?

    b What two reasons does the magazine give for not having done what he asked?

LA PHOTO MYSTERE

Vous connaissez le principe : trois propositions, une seule est la bonne, bien sûr. Laquelle ?
Il s'agit :
- *de l'intérieur d'une fleur,*
- *d'un nid de fourmis,*
- *d'un détail de chou-fleur ?*

Yannick, Le Tréport : « PAS DE NOUVELLES... »

Il y a deux mois, je vous ai envoyé une lettre avec une enveloppe timbrée afin que vous me communiquiez l'adresse d'une lectrice dont vous aviez passé le problème. Mais pas de nouvelles de vous ? Pourquoi ?

La réponse de OK !
La règle d'or de cette rubrique est de ne pas trahir l'anonymat de celles et de ceux qui nous écrivent. D'ailleurs, le plus souvent, ils ne nous donnent que leur prénom. Aussi, Yannick, ne nous en veux pas de ne pas t'avoir répondu. Enfin, nous profitons de cette réponse pour rappeler qu'il est inutile de nous envoyer un timbre car nous ne répondons aux lecteurs que par l'intermédiaire de OK ! (sinon, il nous faudrait être un bataillon pour répondre personnellement aux centaines de lettres que nous recevons par semaine).

Higher level

1 You see this article about a holiday on a French farm and it catches your eye.

    a What do you think is meant by *vacances vertes*?

    b Describe fully the conditions in which a holiday maker would be accommodated.

    c What advantages would a holiday like this offer to city dwellers?

    d What would the price of 160 francs entitle you to?

De vraies vacances dans une vraie ferme

Une formule originale de «vacances vertes» vient de voir le jour dans les Vosges alsaciennes: la table et chambre d'hôte dans une ferme de montagne.

Les vacanciers n'y sont pas accueillis commes des «clients», au sens habituel du terme, mais plutôt comme des hôtes à qui l'on souhaite faire découvrir la vie d'une ferme traditionnelle des haute Vosges. Afin de favoriser ce contact privilégié entre citadins et montagnards, le fermier s'engage à ne pas héberger plus de 8 personnes à la fois dans des chambres confortables comportant chacune salle d'eau et WC individuels. De même les repas servis à la table d'hôte sont composés principalement de produits fermiers et de plats régionaux.

Une manière authentique de découvrir une région et de vivre quelques jours loin du bruit et de la circulation, aussi bien l'été que l'hiver. Les tarifs pratiqués vont de 160 F en demi-pension à 220 F en pension complète par personne et par jour.

Pour tout renseignement, s'adresser à «Fermes que j'aime», n° 155 Le Bonhomme, 68650 Lapoutroie.

2 Christmas in August! How can this be possible? This article tells you all about it.

Noël... le 25 août

Un restaurateur de Canet-en-Roussillon (Pyrénées-Orientales) a décidé d'avancer le réveillon de Noël au 25 août, arguant du fait que « le Père Noël a trop de travail le 25 décembre pour faire la fête ».

Ainsi, jeudi, à l'« Acropole », le restaurant de M. Jean-Louis Montgaillard, 35 ans, le « Papa Noël » est descendu du ciel en parachute vers 20 h, pour prendre l'apéritif en compagnie des fêtards bronzés, candidats à un Noël en été.

Ensemble, ils sont allés alors déguster le véritable menu de réveillon servi aux « gastronomes en tenues élégantes de gala ». Un feu d'artifice tiré sur la plage a clôturé ce réveillon estival qui pourra être suivi sans risque de pneumonies, en raison du calendrier, d'un bain de minuit dans la Méditerranée.

a What argument did the restaurant owner put forward for celebrating Christmas in the summer?

b Name three other things that made this an unusual Christmas celebration.

3 While in France, you see this article about Scotland Yard.

Quand Scotland Yard refait l'histoire

Les experts scientifiques de Scotland Yard ont décidé d'analyser des traces de sang du roi Charles Ier, exécuté en 1649 à l'issue d'un conflit qui l'opposa au Parlement britannique et à Cromwell. Scotland Yard espère aussi découvrir le groupe sanguin du roi décapité et déterminer s'il était ou non malade au moment de son exécution. Ce qui constituerait un « scoop » pour le 340e anniversaire, en janvier prochain, de son exécution.

Des traces de sang subsistent en effet sur la veste en soie, conservée au musée de Londres, que portait Charles Ier sur le billot. Scotland Yard en a prélevé quelques éléments aux fins d'analyse. Mais après une aussi longue période, les enquêteurs déclarent ne pas garantir le résultat final...

a What is Scotland Yard trying to find out about the dead king and why?

b What will they do their tests on to find the information they want?

c Why can't the police guarantee the result?

4 While staying in Niort, you are thinking of joining a film crew as an extra. But then you see this article in the local paper …

a Describe briefly each of the three accidents.

b Who were the three victims?

Accidents lors du tournage d'un film

NIORT. — Le film « Vent de galerne » est en cours de tournage. De nombreuses scènes sont prévues en Vendée et à Parthenay.

Hier, les cinéastes étaient au Puy-du-Fou, avec un grand nombre de figurants, Vendéens pour la plupart. Quelques Deux-Sévriens, cependant, étaient également présents.

Cette journée a été marquée par plusieurs accidents : un acteur canadien est tombé d'une charrette et il a été transporté à l'hôpital. Deux figurants ont été blessés, l'un d'un coup de pied de cheval, l'autre d'un coup de baïonnette (en plastique) au visage...

5 You are thinking of spending a camping holiday in France when this article catches your eye.

Cinq morts en deux mois dans l'Ouest
La grande invasion des guêpes

Sauvées par un hiver anormalement doux, les guêpes ont envahi la France au sud d'une ligne Rouen-Strasbourg. Depuis le début de l'été, la prolifération de ces insectes a déjà fait cinq morts dans l'Ouest. Quant aux pompiers, ils ont bien du mal à satisfaire toutes les demandes de destruction de nids.

C'est l'année des guêpes, des frelons, des bourdons... De toutes ces bestioles qui gâchent vos repas en plein air et affolent les personnes allergiques. Une peur d'ailleurs justifiée : depuis le début de l'été, deux personnes ont succombé à des piqûres dans le Finistère, une en Vendée, une en Loire-Atlantique et une cinquième en Mayenne. Des cas exceptionnels, heureusement. La plupart du temps, les victimes s'en tirent avec une rougeur douloureuse qui disparaît au bout de quelques heures.

L'hiver trop doux est à l'origine de cette invasion d'hyménoptères : « **Les reines passent l'hiver sous des tuiles ou dans des arbres,** explique un apiculteur, **le froid tue nor**malement deux reines sur trois, mais la clémence du temps a empêché cette sélection naturelle ».

Les pompiers débordés

Les pompiers en savent quelque chose. La destruction des nids constitue habituellement une activité saisonnière. Cette année, elle a démarré dès le mois d'avril et risque de se prolonger jusqu'en octobre. Les pompiers de la Roche-sur-Yon ont déjà franchi le cap des 500 interventions : cinq fois plus qu'une année normale ! Records battus aussi en Mayenne, dans le Calvados, le Finistère et les Côtes-du-Nord.

Un pompier à pied d'œuvre

a Which part of France is particularly affected by the plague of wasps?

b Why are there so many wasps around?

c Who are responsible for getting rid of wasps' nests in France?

6 This article has a catchy headline. You read on to find out more.

Le gangster décontracté à son 7e hold-up:
« Je viens pour la même chose »

RENNES. - Permanence du Crédit Agricole, à Médréac, mardi. Il est 10 h 25. Deux clientes sont là. Un homme entre. Il est âgé d'environ 55 ans et mesure 1,80 m. De son imperméable dépasse le canon scié d'un fusil. Il se dirige vers le guichetier.

«Bonjour, vous me reconnaissez?»

Bien sûr qu'il le reconnaît! Celui qui a été surnommé le **«père tranquille du braquage»** lui a déjà rendu visite le 19 novembre dernier. Il était reparti alors avec 22 580 F.

«Eh bien, je viens pour la même chose. Donnez-moi ce que vous avez.»

«Je n'ai que cela», dit le guichetier, et il lui remet une liasse de 12 500 F.

«C'est tout ce que vous avez?»
«Oui, c'est tout.»
«Bon, eh bien, je reviendrai vous voir. Au revoir.»

Et l'homme est reparti en voiture. C'était son 7e hold-up. Il avait déjà opéré en 1983, à Pacé, Saint-Gilles; en 84, à Montgermont et L'Hermitage; et 85 à Romillé et Médréac.

L'alerte a été donné aussitôt. Le plan anti-hold-up a été mis en place immédiatement dans tous les départements limitrophes. Malgré tout, l'homme a réussi à échapper aux recherches. S'il est poursuivi par les gendarmes, il est également poursuivi par la chance.

a What is unusual about the robber?
b Give as full a description of him as you can from reading the article.
c Which of the following words could be used to describe this criminal?
  A nervous
  B violent
  C calm
  D abusive
d What did the robber promise as he was leaving the bank?
e Was he captured?

7 This article is full of advice about how you should go about studying.

Comment apprendre efficacement ?

Nous publions en collaboration avec le magazine « Phosphore » des conseils aux élèves à l'occasion de la prochaine rentrée scolaire. Premier volet : comment apprendre ; deuxième volet : comment prendre des notes. On trouvera dans le numéro spécial de rentrée de « Phosphore » — vendu 39 F dans les kiosques — un guide pour réussir la rentrée en 3e, 2e, 1re, terminale, un cahier de fiches-méthodes de travail, un sondage « les lycéens notent le lycée » et un dossier sur l'Angleterre.

Apprendre c'est d'abord se connaître. Certains retiennent facilement les croquis, d'autres ont besoin de se réciter le cours à voix haute... Les uns ont une mémoire visuelle, ils ont tout intérêt à « illustrer » leurs cours. Les autres ont une mémoire auditive, ils apprennent en « discutant » et en « s'écoutant parler ». Tous gagneront à respecter le fonctionnement de leur mémoire...

Apprendre c'est aussi se motiver. Si avant même d'entrer en cours, on se dit : « De toute façon je n'aime pas ce prof et n'ai jamais été bon », c'est mal parti. Si en revanche on a la veille relu le cours précédent et feuilleté son manuel, on a déjà « préparé le terrain ». La mémorisation dépend aussi de l'attention en classe. Prendre des notes, participer activement, autant de façons de mettre sa mémoire en alerte.

Mais, une fois rentré chez soi, comment procéder ? Par étapes. D'abord s'imprégner. Une première lecture pour bien comprendre. Une deuxième lecture pour souligner les titres, encadrer les idées.

Important, repérer le plan du cours. Ensuite se poser des questions. Que me demande-t-on ? L'interrogation sera-t-elle écrite, ou orale ? Cela permet de se donner un but précis.

Se fixer des objectifs cependant ne sert à rien s'ils sont irréalisables. Pas question d'ingurgiter 40 pages en une soirée, c'est l'indigestion garantie. Et le découragement en prime. Mais si l'on s'y prend à l'avance, on peut découper l'énorme morceau en bouchées très digestes.

Comme la forme, la mémoire s'entretient

Une fois le cours bien décortiqué, reste à se l'approprier. Comment ? En concoctant une synthèse personnelle — avec ses propres mots — et une structure bien nette (I.A. 1. 2. 3.) qui sera utilisée pour tout le cours, tout au long de l'année... Enfin, mémoriser en restituant toujours les éléments dans leur ensemble, les dates dans la chronologie.

Malgré tous ces efforts, « ça » ne rentre pas ? Mieux vaut alors s'arrêter ou passer à autre chose que se buter. Il

(Photo Bruno RAVALARD)

Pouvoir réutiliser le cours.

est plus efficace de s'octroyer des pauses de dix minutes après une heure de travail que de s'abrutir jusqu'au mal de crâne... pour finir avec l'impression de ne plus rien savoir ! Car pour apprendre sans douleur il faut d'abord savoir respecter son rythme !

Le cours est emmagasiné ? Bravo ! Il ne reste plus qu'à

vérifier. C'est la dernière étape. On peut « raconter » son cours à quelqu'un (et qu'importe si on parle tout seul dans sa chambre !) L'idéal est d'apprendre un cours plusieurs jours avant un contrôle. Les idées ont le temps de « décanter ». Ensuite, il suffit de réviser la veille du jour J. Et pour ne pas perdre les fruits de ce travail, le mieux est de « réactiver » sa mémoire en relisant le cours un mois après...

De toute façon, la mémoire ne s'use que si l'on ne s'en sert pas. Plus on la sollicite, plus elle est performante. Un dernier détail, ne pas oublier de se féliciter quand on a atteint ses objectifs. C'est bon pour le moral.

Demain la suite des conseils du magazine « Phosphore » : « Comment prendre des notes ? »

a Which two sorts of memory are mentioned in the article?

b What does the author suggest to help the memory?

c How many times does the author suggest a student should read a piece of work?

d According to the author, how can you avoid a headache when you are studying?

e When is the best time to prepare for a test?

f Which aspect of learning will be featured in the newspaper tomorrow?

8   While in France, you visit the dentist who gives you this bit of advice on how to look after your teeth.

A PROPOS DES DENTS

– A chacun sa brosse à dents, du plus petit au plus âgé.

– Se brosser les dents au moins deux fois par jour, après le petit déjeuner et avant le coucher.

– Effectuer le brossage verticalement en allant toujours de la gencive vers la dent, sur toutes les dents y compris du fond sans oublier la face linguale et horizontalement sur la face supérieure.

– Utiliser une brosse à dents à poils nylon (les poils naturels ont un canal central qui devient un nid à bactéries). Elle doit être souple mais à poils très fournis.

– Changer de brosse à dents au moins tous les trois mois.

– Mieux vaut commencer le brossage avec une brosse sèche qu'avec une brosse mouillée.

– Le fluor étant à la fois anti-bactérien et facteur de résistance de l'émail, il est préférable d'employer une pâte dentifrice fluorée et la laisser quelques minutes au contact des dents et des gencives.

– Se rappeler que le but d'un dentifrice n'est pas de blanchir à tout prix, chaque denture ayant sa coloration propre. Les plus « blanchissants » risquent souvent d'être aussi les plus abrasifs pour l'émail.

a According to this article, how often should you clean your teeth?

b How are you advised to clean your teeth?

c What sort of brush are you advised to use and why?

d How often should you change your brush?

e Should you start cleaning your teeth with a wet brush or a dry brush?

f What are you told about toothpastes that make your teeth whiter?

9   Your French penfriend who knows you are thinking of going on holiday to Greece sends you this press cutting.

Pollution de l'air à Athènes : la population invitée à ne pas mettre le nez dehors

Le taux de dioxyde d'azote vient de dépasser le seuil d'alerte dans plusieurs quartiers de la capitale grecque et le taux de monoxyde approche de la limite. C'est ce que révèle le service de contrôle de pollution de l'environnement de la ville. Le ministre de l'Environnement a recommandé aux habitants de ne pas venir en ville avec leur voiture. Il conseille à ceux qui souffrent des poumons ou du cœur de ne pas sortir de chez eux.

Which two pieces of advice are given to the people of Athens by the Minister of the Environment?

10 Your French penfriend has sent you this article about Erwann Le Franc, a good friend of hers.

Un jeune Morbihannais chute de 30 m en Écosse

Deux jours seul et sans soin

Un jeune randonneur de Séné (Morbihan) a passé deux jours seul et sans le moindre soin après avoir fait une chute de 30 m dans un ravin en Écosse. Gravement blessé, il a été hospitalisé à Inverness où son état est jugé «satisfaisant».

1 h 20 dans la nuit de dimanche à lundi: la sonnerie du téléphone réveille la famille Le Franc, allée des Bruyères à Séné, près de Vannes (Morbihan). Le genre d'appel que redoutent tous les parents dont les enfants sont partis à l'aventure pendant les vacances: **«Votre fils a eu un accident de voiture. Il est blessé...»**. Incroyable imprécision de la nouvelle: Mme Le Franc apprendra plus tard dans la journée que son fils a été victime d'un accident de montagne.

Erwann, 19 ans, sportif et solitaire, avait pris son sac à dos mercredi dernier pour aller faire de la randonnée dans les collines du nord de l'Écosse. Les amis qui devaient l'accompagner avaient finalement changé d'avis. Lui avait maintenu son projet. Un bon moyen de s'oxygéner l'esprit entre un BTS d'action commerciale passé avec succès et les concours qui l'attendaient à la rentrée.

Vendredi, l'étudiant morbihannais se promenait dans les collines de Torridon, pas loin du Loch Ness lorsqu'il a chuté dans un ravin en contrebas. **«Une chute d'environ 30 mètres»**, a indiqué la police écossaise. Un bras et une jambe cassés, le jeune homme a souffert deux jours sans que personne ne se rende compte de son calvaire.

C'est un couple de promeneurs anglais, en voyage de noces en Écosse, qui a aperçu le blessé et donné l'alerte dimanche après-midi.

Erwann Le Franc a été transporté à l'hôpital Raigmore d'Inverness par un hélicoptère de la Royal Air Force. Opéré hier, il se remet **«de façon satisfaisante»** de ses blessures, a indiqué un porte-parole de l'établissement.

a How had Erwann been injured?

b What false information was given to his parents at first?

c What injuries had he received?

d How long was it before he was discovered?

e What was his condition like at the time the article was written?

11   A French friend of yours has been doing this questionnaire in a magazine. Read it to find out how she copes with stress.

LE STRESS Suite

allo maman bobo

?

Etes-vous de type A.BouA+?

1. Chaque soir, au moment où vous vous couchez, tous vos devoirs sont-ils complètement terminés, votre bureau rangé au carré ?
a) Chaque soir *(circled)*
b) Parfois
c) Jamais

2. Vous venez de terminer un exposé qui vous a demandé beaucoup de travail. Mais plutôt que de vous accorder un moment de répit, vous attaquez un devoir de maths.
a) Toujours
b) Parfois *(circled)*
c) Jamais

3. Déjeuner avec une personne qui mange particulièrement lentement vous énerve-t-il ?
a) Enormément *(circled)*
b) Parfois
c) Pas du tout

4. Lorsqu'en classe, on vous demande un travail de groupe, un exposé par exemple, avez-vous tendance à tout faire vous-même ?
a) Chaque fois
b) Quelquefois
c) Jamais *(circled)*

5. Votre emploi du temps de la journée est-il plein, au point d'être complètement bouleversé, si le matin par exemple, vous vous levez avec 20 minutes de retard ?
a) Franchement oui *(circled)*
b) Cela arrive
c) Ça n'a aucune importance

6. Vous inquiétez-vous constamment de savoir ce que votre petit ami pense de votre vie sexuelle, même s'il ne s'en est jamais plaint ?
a) Toujours
b) Quelquefois
c) Jamais *(circled)*

7. Vous jouez un match de tennis avec votre meilleure amie et vous perdez. Etes-vous énervée pour tout le restant de la journée ?
a) Oui
b) Cela peut arriver *(circled)*
c) Non

8. Le téléphone sonne avec insistance. Vous n'avez pas eu une excellente journée et êtes un peu angoissée. Vous décidez de ne pas répondre.
a) Oui
b) Parfois
c) Jamais *(circled)*

9. Fignolez-vous longuement vos devoirs le soir, car vous ne supportez pas de rester sans rien faire ?
a) Toujours
b) Parfois
c) Jamais *(circled)*

10. Votre petit ami a quinze minutes de retard à votre rendez-vous, cela suffit pour vous mettre en colère pour le reste de la soirée.
a) Sans aucun doute *(circled)*
b) C'est possible
c) Cela n'a aucune importance

Pour calculer votre score, accordez-vous 2 points pour les réponses A, 1 point pour les B, 0 point pour les C.
Si votre score se situe entre 15 et 20 points :
Votre personnalité est de type A +.
A moins qu'il ne vous soit arrivé quelque chose de particulièrement grave dans votre vie récemment, ce qui pourrait expliquer votre état de nerfs, vous devez de toute façon décompresser. Des vacances à la montagne ou à la campagne, loin de votre environnement habituel vous feraient le plus grand bien. En attendant, voyez votre médecin qui vous prescrira des vitamines, et dormez beaucoup, à heures régulières, ou tout au moins essayez, vous en avez besoin.
Si votre score se situe entre 5 et 15 points :
Votre personnalité est de type A.
Vous n'êtes pas aussi impatiente, ni aussi compétitive que le type A +, mais vous prenez tout de même parfois vos problèmes trop à cœur. Lorsque vous ressentez les premiers effets du stress, essayez de mettre en application les suggestions qui vous ont été proposées dans le numéro précédent, il s'agit de méthode de relaxation qui ont déjà fait leurs preuves.
Si votre score est inférieur à 5 points :
Félicitations. **Votre personnalité est de type B.** Vous évitez de vivre sous pression, vous savez comment rester calme quand les choses vont de travers. Et de toute façon, il est inévitable de se sentir parfois un peu stressé. Le sport (et surtout les sports basés sur des techniques respiratoires, tel que le yoga par exemple) vous fera le plus grand bien.

Answer these questions by writing down a number and a letter, for instance: 1c, 2b, etc. (NB: these are only examples and not necessarily correct!)

   a Which answer shows that your friend doesn't like waiting for people to catch up?

   b Which answer shows that your friend is sometimes very competitive?

   c Which answer shows that she tries to cram a lot into each day?

   d Which answer shows that she likes to eat very quickly?

   e Which answer shows that she is very conscientious?

   f You will see that your friend achieved a score of ten. Summarise the commentary about how she copes with stress in her life.

12 This account was written by three French children. Answer the questions in English.

Mardi, il a neigé à l'école. Tous les élèves regardaient par la fenêtre. Après on a mal travaillé, on a mal écrit. On passait notre temps à aller aux toilettes.

Dans un moment de calme Pascal a crié: "Y a de la neige!" On a tous levé les yeux pour regarder les gros flocons qui tombaient. La maîtresse lui a donné une punition pour avoir perturbé la classe. Il nous tardait d'aller toucher la neige, mais hélas elle fondait au fur et à mesure. Il faisait froid, on courait pour se réchauffer.

a What effect did the snow fall have on the children in their classroom?
b Why did Pascal get into trouble?
c Why were the children disappointed when they eventually got outside?
d How did they keep warm?

13 In a French town where you are staying this bus company is introducing a new ticket system. Can you understand how to use the bus?

le ticket

nouveau

Au 1ᵉʳ septembre, ce sera vraiment plus simple de prendre le bus!

Il n'y aura plus de «zone orange».

Avec un seul ticket, vous pourrez effectuer n'importe quel déplacement avec ou sans correspondances.

Si vous faites une correspondance, elle est gratuite dans l'heure qui suit la montée dans le premier autobus.

- par exemple, si vous montez dans un premier autobus de la ligne A à 10 h 00, il vous faudra monter dans un second autobus de la ligne B à 11 h 00 au plus tard.

- Attention! l'aller-retour sur le même itinéraire n'est pas autorisé et n'oubliez pas que vous devez oblitérer votre ticket à chaque montée.

QUELS TICKETS?

1 -le Ticket Bus, à l'unité vendu exclusivement par le conducteur

2 -le Ticket Plein Tarif

3 -le Ticket Réduit pour les étudiants, les membres de familles nombreuses, les personnes du 3ᵉ âge, les invalides et les chômeurs sur présentation du justificatif de réduction

4 -le Ticket Ecolier sur présentation de la Carte Ecolier

Ces tickets sont vendus en carnet de 10 dans nos deux centres d'information vente SEMTAO Place du Martroi et Place Albert 1ᵉʳ et dans nos 76 points de vente signalés par l'affichette SEMTAO.

Attention!

A partir du 1ᵉʳ septembre, tous les tickets actuels ne seront plus valables. Ils seront repris à notre centre d'information-vente Place Albert 1ᵉʳ pendant tout le mois de septembre.

Un conseil: n'en achetez pas trop d'avance!

a Explain briefly the major changes regarding the use of a ticket and changing buses.

b What are you told about return journeys?

c List the categories of people who can benefit from a reduced price ticket.

d What must you do with any tickets that you have bought before 1 September?

14 In this article from the French magazine, *Girls,* a famous French press attaché speaks about his job.

COMMENT DEVENIR ATTACHÉ DE PRESSE

Régulièrement, nous essayons de vous donner un maximum d'informations sur les métiers qui font rêver chacune et chacun d'entre vous. Cette semaine, nous avons demandé à Dominique Segall de nous expliquer son métier: celui d'attaché de presse, Lisez vite!

Cette semaine, Girls n'a pas interrogé un attaché de presse, mais l'Attaché de presse, celui que nombre de comédiens s'arrachent pour assurer la promotion

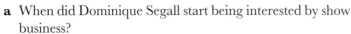

de leur films.

GIRLS: Dominique comment es-tu devenu attaché de presse?

DOMINIQUE SEGALL: Très tôt j'ai été attiré par le spectacle, à 15 ans je savais déja que je travaillerais dedans, sans savoir précisément quel job serait le mien, une seule chose était sûre, c'était là ma place. Alors j'ai commencé par occuper des postes administratifs dans le spectacle, puis peu à peu je me suis dirigé vers la promotion. De music-hall d'abord, ensuite de théâtre danse, et enfin de cinéma.

GIRLS: Quel rôle jouez-vous auprès des comédiens dont vous vous occupez?

D.S.: Nous sommes essentiellement là pour les protéger, surtout à notre époque ou un acteur peut exploser en un seul film. Ils ne sont pas préparés à affronter les médias. Nombre de comédiens sont embarrassés devant une caméra TV. Quand on connaît le pouvoir exceptionnel de la TV, on peut se faire une idée de l'impact d'une mauvaise prestation sur les téléspectateurs.

GIRLS: As-tu eu parfois des problèmes avec des acteurs au sujet de la promotion?

D.S.: Oui; il y a les comédiens qui aiment faire de la promo, et qui

DOMINIQUE SEGALL

n'arrêteraient pas d'en faire et il y a ceux qui détestent ça. Mon travail, c'est d'imposer un certain dosage. Dans un sens comme dans l'autre les excès sont néfastes. Mais il n'y a jamais eu de problème de personnes. Le seul vrai problème c'est le temps. Avec la multiplication des médias, la sortie d'un film est devenue un véritable marathon. C'est ce problème de temps qui nous oblige à opérer une sélection, on choisit les médias (TV, radio, presse écrite) qui traînent un maximum d'auditoire. Ce qui est très injuste mais nécessaire.

a When did Dominique Segall start being interested by show business?

b What did he do before promoting films?

c Why does he feel it is his duty to protect the stars he works for?

d What is the main problem he faces in his job?

15   You see this article about roof racks in a French magazine.

FICHE CONSEIL

N°20

AUTOMOBILE
LES GALERIES

Avec les vacances, la voiture est parfois transformée en camion de déménagement. Une solution simple pour "agrandir" le coffre est de poser une galerie. Deux types sont proposés par les constructeurs : les barres de toit ou la galerie rectangulaire classique. Ils se fixent tous les deux soit sur la gouttière, soit à l'aide de pattes d'attache. Ils reçoivent des adaptations pour les skis, les vélos

ou la planche à voile, peuvent être équipés d'antivols, etc. Choisissez le modèle le mieux adapté à vos besoins.
• **Barres de toit :** deux profilés en acier, gainés de caoutchouc ou de plastique dur. Elles permettent un grand nombre d'adaptations selon la nature de ce que l'on veut transporter.
• **Galeries :** c'est le portage traditionnel rectangulaire et rigide, en acier inoxydable ou peint. Il convient particulièrement pour les valises ou les paquets que l'on peut arrimer facilement à l'aide de sandows.

• **Gouttières ou pattes d'attache :** sur une voiture munie de petites gouttières en haut des portières, galeries et barres d'attache se posent facilement. Un réglage est prévu pour s'adapter à la largeur du toit. Les nouvelles voitures genre Renault 21, Citroën BX ou Mercedes 190 n'ont pas de gouttières. Il faut utiliser des pattes d'attache spéciales, correspondant à chaque modèle, qui se fixent entre la portière et le toit.
• **Adaptation skis :** elle se fixe sur la barre de portage et maintient fixement les skis. Ils doivent être placés, spatules vers l'arrière, tournées vers le haut, pour éviter les vibrations.
• **Adaptation porte-vélos :** elle maintient les vélos très fermement sans qu'il soit nécessaire de démonter la roue avant.
• **Adaptation planche à voile :** une fixation spéciale est prévue également pour le whishbone.
• **Anti-vol :** ce sont des serrures qui se fixent sur les adaptations. Bien sûr, on peut toujours voler les skis (par exemple) avec les barres de toit... mais il existe aussi des serrures pour les barres de toit.
• **Charge :** les modèles courants sont prévus pour supporter une charge de l'ordre de 70/75 kg. Au-delà, il vaut mieux utiliser une petite remorque dont, en outre, la résistance à l'air est nettement moindre.

a At what time of the year is a roof rack said to be particularly useful?

b Which two types of roof rack are described?

c What are you told about the Renault 21, Citroen BX and the Mercedes 190?

d With the right adaptations, name three things that you can carry on a roof rack?

e What are you advised to do if you want to carry more than 75 kilos?

Writing

Basic and Higher levels

1 Your teacher is setting up a letter exchange with a school in a French-speaking country. Fill in this form, giving details about yourself so that you can be matched up with a penfriend. You need to give information about yourself, your family, your likes and dislikes at achool, and your interests.

Nom ....Prénom(s) ....

Date de naissance .... Age............................

Nombre de frères:................

Nombre de sœurs................

Profession des parents ....

Matières que tu aimes à l'école ....

Matières que tu n'aimes pas à l'école ....

Sport(s) que tu pratiques ....

Centres d'intérêt ....

....

Signature .... Date ....

---

2 You are staying with a French family. The father is going shopping and has asked you to write down anything you need. You need:
– a bottle of lemonade
– a pen
– three stamps to send letters home
– a tube of toothpaste.
Make a note in your notebook for him.

3 A French friend is staying with you. Write instructions in French to show her how to get from the school to the swimming pool as shown on the plan. You should write about 30 words.

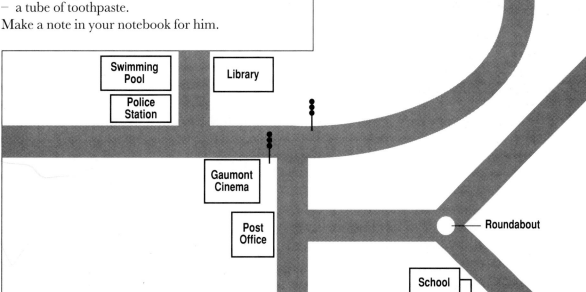

4   You are in a French café with a group of English friends. Make a list in French of what you want, so that you can hand it to the waiter. You order:
- a white coffee
- a hot chocolate
- a pineapple juice
- a glass of water
- a ham sandwich
- a pancake with jam
- a raspberry ice cream
- a piece of cake.

5   Towards the end of your stay with a French family in Bordeaux, your hosts ask you to make a list of some presents that would be suitable for the members of *your* family.

Write out a list of the following things in French and suggest for whom they might be suitable.
- a key ring
- a box of sweets
- a book about Bordeaux
- a souvenir plate

6   A French friend is staying at your house. He has gone out and has not yet returned. You have to go out and leave him a note, in French, explaining where you have gone and what he should do. Use about 30 words to tell him:
- you have gone to the supermarket
- there is some chicken and some salad in the fridge
- there is some lemonade in the cupboard
- he can watch television.

7   You and your family are going on a camping holiday in a French-speaking country. Your French teacher has helped you by typing the outline of a letter you will need to book the campsite in advance. Write out the letter in full in your notebook.

_____(1)_____(2)

Monsieur/Madame

Je voudrais passer _____(3) dans votre camping, du

_____(4) au _____(5). Nous sommes _____

_____(6). Nous avons _____

_____(7) et _____(8).

Est-ce qu'il y a _____(9) dans le

camping?

Pouvez-vous m'envoyer _____(10)

Je vous prie d'agreér, Monsieur/Madame, l'expression de mes

sentiments les meilleurs.

_____(11)

1	your town
2	today's date
3	seven nights
4 5	20-27 July
6	number of adults and children going
7	a tent
8	a car
9	a shop
10	a brochure
11	your signature

8 Your French friend will be leaving soon to go back to France. You have enquired about a train for him. write down the details for him in French. You should use about 30 words to tell him:
– the train is on Tuesday morning
– it leaves at 8.15
– it arrives at 11.30
– the cost of a single ticket is £12
– the train has a buffet car.

9 When your French friend was on holiday she sent you a postcard. You are now on holiday in Bridlington. Use your friend's postcard to help you write one back to her in French. Write out your message in your notebook, using the information below.

Trouville le 15 juin

Salut!
Me voici à Trouville. Il fait assez beau. Je vais à la plage tous les matins et l'après-midi je fais du cheval. Notre hôtel est à un kilomètre de la plage. Je mange beaucoup de crêpes et je bois beaucoup de cidre. Catherine

The date is 14 August.
In Bridlington the weather is very hot. Your campsite is two kilometres from the town. You go to the beach every day. In the evening you go bike riding. You are eating a lot of ice cream and drinking a lot of lemonade.

10 While on holiday in France, you are invited to a party to which you can't go. Your French phrase book gives you an example of how to refuse an invitation. Use it to help you write a note to the person who has invited you.

> Chère Chantal,
>
> Je regrette mais je ne peux pas venir à ton pique-nique dimanche après-midi. Je dois faire mes devoirs. J'espère te revoir la semaine prochaine au collège.
>
> Amitiés,
> Jean-Luc

Marie has invited you to her party on Friday evening. Write a note to tell her that you cannot go because you have to go to the cinema with your penfriend. Say that you hope to see her again next Monday, at the youth club.

11 A neighbour of yours and her husband want to go to Paris for few days. She has a phrase book which shows how to write a letter to a hotel. She knows that you do French at school and she asks you to help. Using the sample letter to help you, write a letter to the hotel including the details supplied by your neighbour.

> Hindley Green, le 24 octobre
>
> Monsieur,
>
> Je voudrais réserver une chambre pour une personne dans votre hôtel, pour cinq nuits, du 2 au 7 février. Je voudrais une chambre au rez-de-chaussée, avec salle de bains et WC.
>
> Pouvez-vous m'envoyer, si possible, une brochure de l'hôtel et un plan du quartier?
>
> Je vous prie d'agréer, Monsieur, l'expression de mes sentiments les meilleurs.
>
> R.A.Jones

> It's the Hôtel Continental in Paris. The owner is Madame Jaramy. My husband and I would like to stay for 3 nights from 12-15 November. We would like a room on the ground floor with a shower and a toilet. If possible, we would like Madame Jaramy to send us a list of restaurants and a plan of the district.

12 Your French-speaking friend who is staying with you wants to go and see a film. Having checked up on some details, you leave her a note in French, saying that:
- the film is called … (use the name of any film you like)
- it starts at 7.45
- it finishes at 10.00
- it costs £3 to get in
- the last bus is at 10.15.

13 Some French students have sent a questionnaire to your school. Fill it in in French. As well as some details about yourself, they want to know about your favourite meal and sport; what you like to watch on television and what sorts of things you like to read.

> 1. Quel est ton nom? ....
> 2. Quel est ton prénom? ....
> 3. Quelle est ta date de naissance? ....
> 4. Quel est ton repas favori? ....
> 5. Quel est ton sport préféré? ....
> 6. Qu'est-ce que tu aimes regarder à la télé? ....
> 7. Qu'est-ce que tu aimes lire? ....
> ....

Déclaration de Perte

Nom: ..... *Toubert* .....
Prénom: ..... *Françoise* .....
Adresse: *10 route des Lilas 56120 Josselin.*
Date: ..... *3 Septembre* .....
Objet perdu: ..... *un transistor* .....
Marque: ..... *Philips* .....
Valeur: ..... *300 F* .....
Description: ..... *petit noir* .....
Lieu de la perte: ..... *gare SNCF* .....
Signature: ..... *F.Toubert* .....

14 While on holiday in a French town you lose your camera. You go to the lost property office. The clerk there shows you a form that has already been filled in to help you fill in yours.

You have lost a red Hanimex camera, worth 250 francs, probably at the bus station.

Déclaration de Perte

Nom: ....
Prénom: ....
Adresse: ....
Date: ....
Objet perdu: ....
Marque: ....
Valeur: ....
Description: ....
Lieu de la perte: ....
Signature: ....

15 While on the beach of a
French holiday resort you go for
a swim in the sea. You leave
your belongings on your towel.
When you get back your bag has
been stolen. At the police station
you are asked to fill in a form
with the details. The officer on
duty shows you a form which
has already been filled in to help
you do yours.

Objet volé

Nom: ....
Prénom: ....
Adresse: ....
Date: ....
Objet volé: ....
Lieu du vol: ....
Signature: ....

Objet volé

Nom: ....
Prénom: ....
Adresse: ....
Date: ....
Objet volé: ....
Lieu du vol: ....
Signature: ....

The date is 12 April. Your bag
was a red plastic one and in it
were your keys, your watch and
a ring.

16 Your teacher asks you to
prepare an 'identity card' to
send as part of a package of
materials to a school in France.
Complete the card in French.
You are asked about your
appearance and your favourite
clothes.

Nom: ....
Prénom: ....
Taille: ....
Poids: ....
Cheveux: ....
Yeux: ....
Vêtements préférés: ....
Couleur favorite: ....

17 While in the Paris Métro you witnessed a
handbag being snatched. You jotted down a
description of the thief on your notepad. Use it to
help you write a description of the thief, in
French, for the police.

A young woman about 20-25 years of age.
Quite tall, very thin. Wearing a black
woollen hat. Navy blue pullover, dark grey
trousers and basketball shoes. Light
brown, long straight hair. She was
wearing sunglasses. She was carrying
a red umbrella. She ran up the stairs
and out of the métro station in the
direction of the Louvre.

18 In a letter to you, your French penfriend asks about pocket money. Write back to her in French, in about 60 words. Be sure that you tell her:

- how much pocket money you receive each week
- whether or not you save up some of your pocket money
- what you buy with it
- what other things you spend it on
- whether or not you have a spare-time job.

19 Your teacher has asked you to write about your school in French, for the school newsletter. Give a brief description of the school, in about 60 words. Don't forget to mention:

- the size of school and where it is
- the number of teachers and students
- your favourite subjects
- when school starts and finishes
- what school meals are like.

20 While staying with a French friend you spend a Tuesday at his school. You have lunch at the school. Using the school menu for Tuesday write an article in French for your school magazine saying what you had to eat and what you thought about it. Also say what drink(s) you had with your meal.

```
          M E N U
          Semaine du 2 au 6 décembre

LUNDI     Pâté en croûte
          Fristolles de poisson
          Epinards et pommes de
          terre
          Petits suisses

MARDI     Sardine - beurre
          Rôti de porc
          Choux de Bruxelles
          Mousse au chocolat

JEUDI     Salade verte
          Couscous
          Tarte

VENDREDI  Macédoine de légumes
          Steack hâché
          Frites
          Clémentines
                          Le Principal
```

21 Write a letter to a French penfriend. Use 60–70 words. You should write about your home. Use the points below to help you.

a Say what kind of place you live in (house, flat).

b Say something about its size.

c Describe briefly the rooms you have.

d Say something about the room you sleep in.

e Say whether or not you have a garden.

22 You receive this letter from a new penfriend. Answer it in about 70 words, replying to some of the things that she has mentioned. Give similar information about yourself for the things marked with a *

```
Salut

*Mon nom est Emmanuelle Dirand,
j'ai 14 ans. *J'habite dans un
petit village, et je viens à
l'école à Faucogney. *Mon
passe-temps est le vélo. C'est
super car je vais bientôt aller
me baigner et j'adore ça.
J'aime beaucoup danser. J'ai
beaucoup de copines.

*J'ai un frère qui s'appelle
Dominique et il a 19 ans.
*J'adore les animaux et surtout
la nature. J'ai un très beau
chat et une perruche.

*Un car vient nous chercher
chaque matin à 7 h 30 pour nous
amener à l'école. Il nous
ramène le soir à 4 h 30 sauf le
mercredi, le samedi après-midi
et le dimanche, car c'est repos.

*Je n'aime pas les maths.

*Je suis petite avec des grands
cheveux bruns et des yeux
bruns.

Je vais vous laisser en vous
faisant à tous un grand bisou.


Emmanuelle
```

23 Write a letter of 60–70 words in which you talk about the town or village where you live. Mention the following points:
- where it is
- what it is like
- how long you have lived there
- important buildings, facilities and places of interest
- what you think about it.

24 While spending the summer holidays with some French friends in Bressuire you take part in the summer activities organised for young people. Use these bits from the programme of events to help you write in French about what you did. Write about 70 words.

Le Service Municipal des Sports vous propose une animation permanente durant cette période de vacances :

Football
Basket
Judo
Natation
Tennis
Athlétisme
Gymnastique
Tennis de Table
Tir à l'Arc
Randonnées
Patins à Roulettes
Bi-Cross
etc...

Poterie
Sculpture sur Bois
Vannerie
Peinture
Dessin
Micro-Ordinateur
Peinture sur Soie
Macramé
etc...

Renseignements Pratiques :

ACCUEIL
Service Municipal des Sports, Salle Omnisport - Boulevard Lescure.

HORAIRES
Du Lundi au Vendredi, de 10 h à 12 h et de 14 h à 18 h.

REPAS
Possibilité de déjeuner en commun à la Cantine Municipale (Tarif scolaire : 10,55 F).

ENCADREMENT
Assuré par un directeur de stage et des moniteurs diplômés

ASSURANCE
La Ville de Bressuire est garantie par une Police d'Assurance en Responsabilité Civile.

TARIF
15 F par semaine et par stagiaire.

INSCRIPTION
Au Service Municipal des Sports, du 20 au 30 Mai 1986.

25   Write a letter to a French friend (Catherine) in which you tell her what you plan to do during the summer holidays. Write about 60 words. These guidelines will help you:
- give the dates of the school holidays
- say whether you will be going away or staying at home
- write about the things you hope to do (swimming, tennis, etc.)
- say which type of holiday you like best (seaside, abroad, countryside, mountains, etc.).

26   Write a letter of about 70 words to a French friend (Paul) inviting him to come and spend two weeks with you in the summer holidays. Use the following to help you.
- give the dates when you would like him to come
- tell him if he will have his own bedroom or not
- tell him some of the things he will be able to see
- suggest some activities that you will be able to do together.

27

> Camping–Caravaning ****
> **LES ECUREUILS**
> Hôtellerie de Plein Air
> 85520   Jard-sur-Mer
> Emplacements délimités
> Sanitaires confortables

You are planning a camping holiday in France. Write to the campsite to book your stay.
- you would like to stay from 14 to 28 August
- say there will be four people, one car and one caravan
- you will require electricity
- ask how far the site is from the beach
- find out if there is a shop
- find out if there is a swimming pool
- ask if you have to send a deposit.

28   Write a letter to book for a holiday in the hotel shown below.

- you would like to stay from 1 to 7 July
- book a double room with bathroom
- book a single room with shower
- ask if the hotel has a restaurant
- ask if the hotel has parking available
- ask if the hotel will send you a town plan.

> Grand Hôtel des Voyageurs **
> 25, rue du Collège
> 15100 SAINT-FLOUR

29   A French friend has written to you telling you about what the members of her family do for a living and what she hopes to do when she leaves school. Write back to her with similar information about yourself. Use about 100 words.
- tell her whether or not your family and friends have jobs
- say in which subjects you are taking exams and which you are good and bad at
- say what you hope to do when you leave school
- your friend has told you about her part-time job and asked if you have one.

30   When you leave a French youth hostel you forget your watch. Write a letter to the youth hostel.

Describe the watch: it is square. The watch is green and the strap is red. You think you left it in the dormitory on the first floor. Ask the youth hostel to send it on to you. (Include three international reply coupons to cover the postage: *un coupon-réponse international*.)

31   While staying in France you go to a clothes shop and buy a woollen pullover. One week after returning to your own country you notice that a hole has appeared on the left sleeve of the pullover. Write a letter of complaint to the shop. You bought the pullover on 30 July. It cost 225 francs. You still have the receipt. Explain that you cannot return to the shop. Ask if the shop will return your money or exchange the pullover if you send it back.

32 Having been on an exchange visit to the home of Sandrine Bellefleur, you are asked to write an article in French for your school magazine about what the school week is like in France. Use Sandrine's timetable and the ideas below to help you. Write about 100 words.

- Is her school week the same as yours?
- Do lessons start and finish at the same time every day?
- When are morning and afternoon breaks? How long does she have?
- When is the lunch break? How long does she have?
- How many times a week does she have certain lessons compared with you?

BELLEFLEUR SANDRINE			EMPLOI DU TEMPS DES 3ᵉᵐᵉ I			
	Lundi	Mardi	Mercredi	Jeudi	Vendredi	Samedi
8h-9h		Français (orthographe)		Allemand	Allemand	Anglais
9h-10h	Maths	Maths		Anglais Renforcé	Sciences humaines	Maths
9h 50 à 10h Récréation						
11h-12h	Anglais	Allemand		Sciences Physique	Permanence	Français
11h-12h	Français (Grammaire)	Dessin		Sciences Physique / Sciences naturelles	Maths	
12h-13h30	DEJEUNER					
13h30-14h30	Sport	Anglais		Français (composition française)	E M T gnapB éducation manuelle et technique	
14h30-15h30	Anglais Renforcé	Français (lecture)		Musique	EMT	
15h 20 à 15h 30 Récréation						
15h30-16h30	Sciences-humaines	Sciences humaines		EPS	Sciences Naturelles	

112

33 As part of a letter exchange with a French school you receive some information about what happens at Christmas in France. Read the letter and then answer it in about 100 words, making sure you mention all the things that Frédéric asks about.

Je vais t'expliquer comment se passe Noël en France. A Noël, nous avons deux semaines de vacances. Et toi, combien en as-tu?

Quelques jours avant Noël, nous décorons un sapin avec des guirlandes et des boules. Est-ce qu'on fait cela chez toi? Par ici, les magasins sont tous décorés. Il y a des sapins devant les magasins. Le soir, on allume les sapins.

Selon la tradition en France, les petits enfants mettent leurs chaussures devant la cheminée pour avoir des cadeaux. Comment est-ce que cela se passe chez toi?

Noël est une grande fête. On va à la messe le soir du 24 décembre et après on fait le réveillon. On va se coucher très tard. On fait de bons petits plats: escargots, dinde, marrons cuits et comme dessert, de la bûche. Et toi, qu'est-ce que tu manges à Noël?

Le jour de Noël, le matin, les enfants se lèvent et trouvent les cadeaux que le Père Noël leur a apportés ou que les parents ont commandés. Et toi, qu'est-ce que tu aimerais recevoir comme cadeaux à Noël?

Salut.

Frédéric

34   Read this news item from a French newspaper. Imagine that you were present at the incident. Write a statement for the French police saying what happened. Use the following points to help you.
- it was a rainy day
- you were out so early because you were having an early morning jog!
- the motorbike was travelling very quickly as it approached the *rue De Gaulle*
- the owner of the bakery on the *place de la Résistance* telephoned for the police
- the motorbike passenger seemed to have slight injuries to the head and legs.

Faits divers

La passagère d'une moto légèrement blessée

Samedi, vers 5 h 40, un motocycliste, M. Serge Guédon, 25 ans, demeurant au lieu dit la Chaumière à Boufféré, qui circulait place de la Résistance, a fait une chute au moment où il allait s'engager rue De Gaulle. Sa passagère, Nathalie Aumont, 29 ans, résidant à la Chaumière, a été légèrement blessée. Elle a été transportée au CHD par les sapeurs-pompiers.

35   Write a letter to a French penfriend in which you tell him about your holidays last year. Use about 100 words.

36   Write to a French friend telling her about a concert that you went to see last week. Imagine that you are one of the people in this series of pictures. Write about 100 words. You only need to write the part of the letter that mentions the concert.

37   While staying in France you bought a small camera. It is no longer working. Write a letter to the shopkeeper in which you offer to return the camera if she will let you have your money back. Explain that the camera is not working any more.
You bought the camera on Wednesday 21 July. You have your receipt.

38   Imagine that you are one of the people in this series of pictures or that one of them is your friend. Write a letter to a French penfriend in which you tell her/him what happened on the trip abroad. You only need to write the part of the letter which deals with the trip.

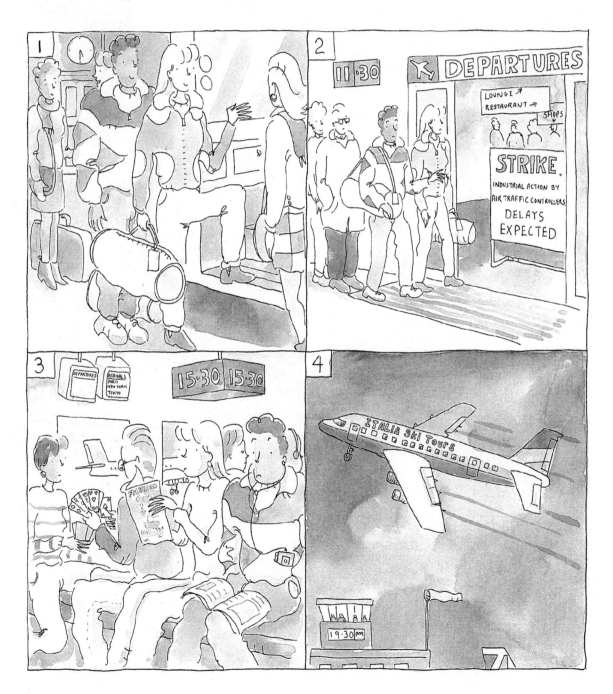

39 In order to improve your French you are looking for a summer job in France. A French friend sends you this advert. Write to the hotel asking for a job.

 − you are available from 15 July to 31 August
 − say that you speak French well

 − state the kind of work you are prepared to do (making beds, cleaning rooms, etc.)
 − ask how many hours you will be expected to work per day
 − ask if you get a day off
 − ask what the wages will be
 − ask if board and lodging are included.

117

40 You visit this lake for the day. Study the brochure carefully, then write a letter in French describing what you did during the day. Write about 100 words. You only need to write the part of the letter that mentions this visit.

PLAGE - BAIGNADE SURVEILLÉE

LEÇONS DE NATATION
Juillet - Août - Septembre avec moniteur diplômé

JEUX POUR ENFANTS • MINI-GOLF
TERRAIN DE BOULES • PEDALOS
BARQUES • TENNIS

VASTE TERRAIN DE CAMPING OUVERT TOUTE L'ANNÉE

Emplacements spacieux • Aménagements sanitaires

☆ ☆ 2 étoiles Tél : 25.88.46

Renseignements : Mairie de Cherveux • 79410 ÉCHIRÉ
Hors saison : tel. (49) 75.01.77

RESTAURANT

Pensions, snack,	dîners dansants
bar, terrasse	buffets campagnards
mariages, séminaires	banquets annuels

Sur réservation : POUVREAU James tél. (49) 25.88.18

SUR LA PLAGE :
Crêperie • Pâtisserie • Confiserie • Spécialités du Pays
Maison Caniot

PÊCHE
première catégorie
ouvert de MARS A OCTOBRE

truites • gardons • carpes...

A proximité du plan d'eau

ÉQUITATION - Randonnées équestres
LE CORRAL: CHERVEUX 79410 ECHIRE
tél. (49) 75.08.41

SPÉLÉOLOGIE à St-Christophe et à Champ-deniers

ALPINISME - Rocher de la Chaize
près de Champdeniers

Renseignements: Mairie de Champdeniers

Pour les amateurs d'histoire

Château Salbart (XIIIe siècle)
Château Cherveux (XVe siècle)
Château Neuchèze
Tumulus de Bougon (40 S. av J.C)
A Saint-Christophe, lanterne des morts et église du XIIIe siècle

LE MARAIS POITEVIN A 20 KILOMÉTRES

Ecrivez-nous, toutes vos suggestions nous seront utiles. Nous invitons également les Artisans d'Art à venir dans nos deux villages, s'installer pour les vacances ou pour plus longtemps.

RENSEIGNEMENTS :
Mairie de Cherveux - 79410 Echiré
Tél. (49) 75.01.77
Syndicat d'Initiative de Saint-Maixent
Tél. (49) 26.14.50
Syndicat d'Initiative de Niort
Tél. (49) 24.18.79
Office départemental du Tourisme des Deux-Sèvres
Tél. (49) 24.76.79

French-English vocabulary

un **abonnement** a subscription

s' **abonner** to subscribe

l' **abri** (*m*) to become stupefied

accompagner to take, accompany

d' **accord: être d'accord** to agree

accueillir to greet

l' **acheminement** (*m*) forwarding (*of letter*)

s' **achever** to draw to a close

l' **acier** (*m*) steel

une **adhésion** a membership

d' **ailleurs** besides

les **affaires** 'things', business

s' **affaisser** to cave in

affoler to madden, enrage

affreux horrible

s' **aggraver** to worsen

s' **aggriper à** to cling to

agité: une mer agitée a rough sea

agresser to assault

l' **ail** (*m*) garlic

et **ainsi de suite** and so on

ajouter to add

l' **alimentation** (*f*) food

l' **alpinisme** (*m*) mountaineering

une **ambiance** an atmosphere, surroundings

les **aménagements** (*m*) fixtures, fittings

amener to take

en **amont de** upstream from

une **angine** an infection

angoissé anxious, stressed

une **apparition** an appearance

l' **aquarelle** (*f*) water-colours

arracher to extract (tooth)

arrimer to keep in place

une **assiette anglaise** a plate of 'charcuterie'

atteindre to attain, achieve

auprès de with

autoriser to allow

autrefois in the past

autrement otherwise

des **averses** (*f*) showers

avis; changer d'avis to change one's mind

le **bac (calauréat)** French equivalent of 'A' levels

se **baigner** to bathe

la **baignade surveillée** supervised bathing place

un **bain** a bath

une **barque** a boat

un **bâtiment** a building

battre to beat

battre son plein to be at full (tide)

besoin; avoir besoin to need

une **bestiole** a tiny beast

le **billot** the block (executioner's)

un **bisou** a kiss

un **bocal** a jar

boîte: aller en boîte to go to a night club

le **bonheur** good fortune, good luck

bosser (*slang*) to work

le **boulot** (*slang*) work

une **boum** a party

une **bourdon** a bumble-bee

le **braquage** aiming (*gun, etc.*)

bruyant noisy

un **but** a goal

une **buvette** a refreshment bar

un **cachet** a seal, rubber stamp

une **cagoule** a hood

un **calvaire** suffering

un **caniche** a poodle

chacun, chacune each one

un **champ** a field

chaque each

une **charrette** a cart

chauffer to warm, heat

chemin: demander son chemin to ask one's way

un **chemin** a way, road

chouette great

au **chômage** unemployed

une **chose** a thing

une **chute** a fall

ci-joint enclosed

un **citadin** a town-dweller

un **citron pressé** freshly squeezed lemon juice

clôturer to terminate

cocher to tick

un **coffre** a boot (**car**)

se **cogner la jambe** to bang one's leg

coincé trapped

coller to stick

une **commune** a small town, parish

une **compote de pommes** stewed apples

un **comprimé** a tablet

compter to count (on)

une **confiserie** a sweet shop, confectionery

une **conseil** a piece of advice

conseiller to advise

construire to build

par **contre** on the other hand

en **contre-bas** below

à **(votre) convenance** to (your) taste

un **coupe-papier** a paper knife

le **courrier** mail

cours; au cours de during

une **crevaison** a puncture

croire to believe

le **croisement** crossing, intersection

un **croquis** a sketch

une **cuillerée** a spoonful

cultiver to grow

un **débarcadère** a landing-stage, wharf

débordé overwhelmed

debout standing up

décontracté relaxed

découvrir (pp. découvert) to discover

dedans inside

déguster to taste, sample

démarrer to start

déménager to move (house)

se **dépêcher** to hurry

un **déplacement** a trip, journey

déposer to 'drop (someone) off'

depuis since, for

dériver to drift

se **dérouler** to take place

désolé sorry

en **dessous de** below

le **dessus** top

détruire (pp. détruit) to destroy

devrait ought

diriger to direct

disponible available

un **domicile** a home

dommage: c'est dommage it's a pity

un **don** a gift

douloureux painful

le **droit** (the) right

drôlement 'really'

l' **ébullition** (*f*) boiling point

119

une **éclaircie** a clear period
écrémé skimmed
un **écureuil** a squirrel
une **écusson** a coat of arms
embêtant annoying
effectuer to carry out
efficacement efficiently
s' **effondrer** to collapse
une **effraction** housebreaking
l' **élevage** (*m*) breeding, rearing
embêté annoyed
l' **émail** (*m*) enamel
une **embarcation** a small boat
emporter: des plats à emporter take-away meals
encadrer to frame
encaisser to cash
encore: j'en ai pour encore deux ans I've still got two years left
un **endroit** a place
énerver to get on one's nerves
s' **engager à** to undertake to
s' **engager dans** to turn into (*street*)
s' **ennuyer** to get bored
ennuyeux boring
enquêter to investigate
enregistrer to record
enseigner to teach
un **ensoleillement** sunny period
ensuite next, then
s' **entendre** to get on
un **entremets** a side-dish
envie: avoir envie de to want to
environ about
épars scattered
les **épinards** (*m*) spinach
épouvante: un film d'épouvante a horror film
estival (*adjective*) summer
l' **estragon** (*m*) tarragon
une **étagère** a display unit
une **étape** a stage, stopping-off place
étroit narrow, light
un **étui** a case, box, pack
étuvé steamed
une **évasion** an escape, break-out
expliquer to explain
une **exploitation (agricole)** a farm

façon: de toute façon in any case
la **faculté (fac)** university
faim: avoir faim to be hungry
un **fait-divers** a news item
la **farce** stuffing

farci stuffed
les **félicitations** (*f*) congratulations
un **feu d'artifice** fireworks
feuilleter to turn over the pages of
les **feux** (*m*) the (traffic) lights
une **fiche** a form, slip, card
se **fignoler** to fiddle around
un **figurant** an extra
une **flamme** a pennant, flame
un **flocon** a flake
fluvial (*adjective*) river
un **formulaire** a printed form
un **four** oven
une **foule** a crowd
une **fourmi** an ant
fourré filled, stuffed
frais, fraîche cool, fresh
une **framboise** a raspberry
franchement frankly
un **frelon** a hornet
un **friand** a sausage roll

gâcher to spoil
une **galerie** a roof rack
une **galette** a savoury pancake
un **gardon** a roach
garni garnished
un **gastronome** someone who enjoys eating
génial brilliant
une **gencive** a gum
le **genre** type, kind
la **gestion** management, administration
gonfler to swell
goûter to taste
graisseux greasy
gratuit free of charge
un **grenier** attic, loft
gronder to tell off
la **guerre** war
un **guichetier** counter clerk

d' **habitude** usually
en **haut** upstairs, above, aloft
un **hébergement** a lodging
heure: de bonne heure early
hippique to do with horses
un **horaire** a timetable
hors de question out of the question

illimité unlimited
un **incunable** an early printed book
infect stinking, foul
ingurgiter to swallow

une **inondation** a flood
une **inscription** an enrolment
un **intendant** a bursar
interdit forbidden

le **jour j** 'D Day'
justement precisely, exactly
un **justificatif** a voucher

une **kermesse** a charity fête

un **lecteur**, une **lectrice** a reader
un **lévrier** a greyhound
une **liasse** a bundle, wad
une **licence** a degree
un **lieu** a place
limitrophe bordering, adjacent
la **location** hire
lors de at the time of
lorsque when
un **lycée** a secondary school

une **macédoine de légumes** mixed vegetables
un **mandat-lettre** a money-order
manière: de toute manière in any case
la **marque** make (*of car, etc.*)
marquer to score
marrant funny, 'a laugh'
le **mec** (*slang*) fellow
mêler to mix, blend
mener to lead
une **merguez** a highly-spiced sausage
la **messe** mass (*church*)
un **meutre** a murder
la **mode d'emploi** directions for use
le/la **moindre** (*adjective*) the least
au **moins** at least
un **montant** an amount
mordre (pp. mordu) to bite
la **moquette** carpet
muni de supplied with
la **municipalité** local council

la **natation** swimming
néfaste inauspicious
un **nid** a nest
les **noces** (*f*) marriage
la **nourriture** food
de **nouveau** again

occasion: avoir l'occasion to have the opportunity
d'occasion second-hand
s' **octroyer** to indulge in

120

l' **orthographie** (*f*) spelling

en **panne d'essence** out of petrol
la **papeterie** stationery
Pâques: les vacances de Pâques Easter holidays
par-dessus over the top (of)
parmi among
une **paroisse** a parish
partager to share
un **particulier** a private individual
partout everywhere
se **passer** to happen, take place
les **pâtes** (*f*) pasta
une **pelouse** a lawn
une **pension** a boarding house, board
une **permanence** room in a school, for private study
une **perte** a loss
peur: avoir peur to be afraid
une **pièce d'identité** some proof of identity
à **pied d'œuvre** on site
une **pîqure** a sting, injection
plaisance: un bateau de plaisance a pleasure boat
un **plan d'eau** a lake
la **planche à voile** wind surfing
en **plein air** in the open air
plein de lots of
de **plus: une nuit de plus** an extra night
le **poids** the weight
un **poil** a bristle
point: sur le point de about to
un **pont aérien** an airlift
se **porter bien** to be in good health
poser to put
un **poumon** a lung
un **préau** a covered playground
priés: les passagers sont priés passengers are asked
primé (*adjective*) prize
en **principe** in theory
se **promener** to go for a walk
un **pruneau** a prune

quant à as for
quotidien, quotidienne daily

ramasser to pick up, collect
ramener to bring back
une **randonnée** an outing

le **rang** the row
râpé grated
rapporter to bring back
ravir to delight
réclamer claim
la **redevance** rent, fee
réfléchir to reflect, consider
refroidir to cool down
un **régisseur** a manager
relier to connect
relu (pp of relire) to read again
remarquer to notice
un **remblai** an embankment
rembourser to pay back, reimburse
une **remise** a discount
remuer to stir
se **rendre** to make one's way
des **renseignements** (*m*) information
répartir to distribute
réussir to succeed
en **revanche** on the other hand
un **réveillon** a midnight supper
le **rez-de-chaussée** ground floor
rôtir to roast
la **roue de secours** spare wheel
un **rouleau** a roller (wave)
une **rubrique** heading, item

un **sandow** an elastic fastener for roof racks
le **sang** blood
la **santé** health
un **sapin** a fir-tree
un **saut** a leap
sec, sèche dry
un **sèche-cheveux** a hairdryer
secourir to help
selon according to
se **sentir** to feel
se **servir de** to make use of
le **seuil** threshold
seul alone, only
un **siècle** a century
un **siège** a seat
la **soie** silk
soit ... either ... or
un **sondage** an opinion poll
un **sou** a small coin
souhaiter to wish
une **spatule** a ski-tip
la **spéléologie** pot-holing
un **stage** a course
subir to undergo

succomber to succumb, die
suffire to be sufficient
suivant following
sympa nice

un **tablier** an apron, roadway (of bridge)
une **tâche** a task
tant mieux so much the better
le taux the rate
une **teinturerie** a cleaner's
une **tenue** an outfit
le **tir à l'arc** archery
un **tournesol** a sunflower
un **tournoi** a tournament
tout: un peu de tout a bit of everything
la **toux** cough
trahir to betray
se **tromper** to make a mistake
une **tuile** a tile

uniquement only
utiliser to use

vachement (*slang*) very
valable valid
la **vannerie** basket making
vanter to speak highly of
la **vapeur** steam
vécu (pp. vivre) lived
vécut (3rd person sing., past historic of *vivre*) lived
la **veille** (the) day before
venir de to have just
un **vent de galerne** wind from the west-north-west
véritable real
un **veuf** a widower
une **veuve** a widow
vider to empty
vieux, vieille old
une **villégiature** a stay in the country or by the sea
un **vin d'honneur** a reception
un **virage** a bend
un **visage** a face
voile: une école de voile a sailing school
un **vol** a flight; theft
voler to steal, fly
s'en **vouloir** to be angry
vraiment really